SOPHIA THIEL

MIT MEAL PREP ZUR TRAUMFIGUR

Bibliografische Information der Deutschen Nationalbibliothek
Die Deutsche Nationalbibliothek verzeichnet diese Publikation in der Deutschen Nationalbibliografie. Detaillierte bibliografische Daten sind im Internet über http://d-nb.de abrufbar.

Für Fragen und Anregungen
info@rivaverlag.de

Originalausgabe
6. Auflage 2019

Nymphenburger Straße 86
D-80636 München
Tel.: 089 651285-0
Fax: 089 652096

Idee, Konzept, Vorwort: Sophia Thiel
Text: Sophia Thiel, Melanie Eberlein
Redaktion: Kathrin Nick
Rezeptentwicklung: Stefanie Bisanz, Sophia Thiel
Umschlaggestaltung: Manuela Amode, Maria Dolecek
Umschlagabbildung vorn: Dan Carabas, www.dancarabas.com
Umschlagabbildungen hinten: Dan Carabas (li. o., re. u.), Sabrina Sue Daniels (re. o., Mitte, li. u.)
Layout und Satz: Christoph Dirkes, 4cSONS mediendesign, www.4csons.de
Druck: Firmengruppe APPL, aprinta Druck, Wemding
Printed in Germany

ISBN Print 978-3-7423-0709-5
ISBN E-Book (PDF) 978-3-7453-0301-8
ISBN E-Book (EPUB, Mobi) 978-3-7453-0302-5

Weitere Informationen zum Verlag finden Sie unter

www.rivaverlag.de

Beachten Sie auch unsere weiteren Verlage unter
www.m-vg.de

SOPHIA THIEL

MIT MEAL PREP ZUR TRAUMFIGUR

CLEVER **VORKOCHEN,**
MIT GENUSS **ABNEHMEN**

Mit allen meinen persönlichen Tipps und über 60 Rezepten

Sophia THIEL

riva

Inhalt

Hallo, meine Liebe! 7

Meal Prep – meine Basics 9

Gut gepreppt: Raus aus der Junkfood-Falle 10
Perfekt organisiert: In 5 Schritten zum Prep-Profi 12
Erfolg garantiert: Meine besten Küchenhelfer 15
Keep it clean: Meine Superzutaten im Überblick 19
Lebensmittelliste für deinen Meal-Prep-Vorrat 25
Meal-Prep-Kalender: Obst, Gemüse und Salat der Saison 26
Meine Notfalltipps 28
Let's prep – an die Töpfe, fertig, los! 31
Gegen Langeweile: Gerichte aufpeppen und abwandeln 34
Richtig lagern – die besten Boxen und Frischetipps 37
Meal Planning – meine Prep-Pläne für Einsteiger, Eilige, Vegetarier und Profis 43
Meal Prepping für Einsteiger 44
Meal Prepping für Eilige 47
Meal Prepping für Vegetarier 50
Meal Prepping für Profis 53

Meine Rezepte 59

Fitnessfrühstück 61
Food Prep: Hirse 74
Lunchbox 83
Food Prep: Süßkartoffel 140
Food Prep: Quinoa 144
Snacks to go 149

Anhang
Sachregister 170
Rezeptregister 172
Bildnachweis 174

Hallo, meine Liebe!

Heute verrate ich dir meine Topgeheimnisse für einen schlanken und knackigen Körper. Es sind – tada! – tatsächlich das Planen, Vorkochen und Abfüllen meiner Mahlzeiten. Warum? Na, weil eine cleane, frische und vor allem individuelle Ernährung, also was ich wann in welcher Menge esse, ganze 80 Prozent meines Erfolgs ausmacht.

Viele von euch wollen abnehmen, scheitern jedoch an den Tücken des Alltags: wenig Zeit nach dem Aufstehen, Imbiss, Bäcker oder Kantine in der Mittagspause und spontanes Fast-Food-Shopping am Abend. Wenn ich mich nach einem stressigen Tag mit Training, Terminen und Shootings noch in die Küche stellen müsste, käme ich schnell an meine Grenzen.

Damit ich meinen Ernährungsplan einhalte, muss ich die Kontrolle über meine Mahlzeiten behalten und Frust am Kochen verhindern. Meine Lösung: Meal Prepping. Damit entscheide ich selbst, was mein Körper bekommt. Geschmacksverstärker, künstliche Aromen, viel Salz, Zucker oder Fett haben bei mir keine Chance. Stattdessen esse ich vitamin- und proteinreich, ausgewogen und vollwertig.

Klingt toll, oder? Trotzdem gibt es einiges zu beachten und vorzubereiten, damit auch du zum Profi-Prepper wirst. In diesem Buch zeige ich dir, wie du dir kreative, leckere und gesunde Mahlzeiten zum Mitnehmen vorbereitest, damit du unterwegs, beim Sport, in der Schule, Uni oder bei der Arbeit jederzeit das perfekte Body-Food dabei hast.

Also, hast du heute schon gepreppt? Dann nichts wie ran an die Boxen, Gläser und Dosen!

Viel Spaß!

Deine

Meal Prep – meine Basics

Morgens gestresst und abends zu müde zum Kochen? Mit diesem cleveren Foodie-Trend haben Ausreden jetzt Feierabend – und dein Body den besten Erfolgscoach. Ich mach dich zum Meal Prepper. Und du hast immer und überall ein leckeres Fitnessessen am Start.

Gut gepreppt: Raus aus der Junkfood-Falle

Seit es an jeder Straßenecke Snacks »to go« gibt, ist das gute alte Vorkochen – wie es vielleicht deine Oma noch gemacht hat – in Vergessenheit geraten. Doch leider sind die meisten Teilchen, die es beim Bäcker oder im Imbiss gibt, nicht gerade gesund oder passend für einen Fitnesslifestyle wie meinen. Zu viele Kohlenhydrate, ungute Fette, Weißmehl, Zucker und künstliche Aromen stecken in Fertiggerichten und Fast Food. Das ist ungesund und schlecht für die Figur. Aber genau das wollen wir nicht mehr. Schluss damit!

Vor allem wenn du wie ich viel unterwegs bist, hast du meist keine Küche zur Verfügung – also keine Gelegenheit, dir etwas Nahrhaftes für deinen Körper zu zaubern. Da gibt's nur eine Lösung: vorbereiten und mitnehmen. So funktioniert Clean Eating mit frischen Zutaten! Und genau das steckt hinter Meal Prepping, kurz Meal Prep, der englischen Bezeichnung für »Mahlzeiten vorbereiten«. Übrigens: Für Leistungs- und Profisportler ist das Vorkochen tägliche Routine. Wer einen perfekten Körper möchte, kommt ums Preppen nicht herum.

Lunchbox füllen – und los!

Seit ich ernsthaft trainiere und mich mit meinem Körper beschäftige, kontrolliere ich auch meine Mahlzeiten. Für meine Trainingsziele ist es enorm wichtig, wann und was ich esse. Durch Meal Prep habe ich alle Nährstoffe parat und spare viel Zeit beim Einkaufen, Kochen und Aufräumen – und Geld. Denn ich werfe weniger Lebensmittel weg, da ich besser plane. Und ich freue mich jeden Tag darauf, dass nach einem arbeitsreichen Tag ein frisches und gesundes Essen im Kühlschrank auf mich wartet: einfach aufwärmen, Füße hochlegen und den Feierabend mit bestem Gewissen genießen. So bleibt mehr Zeit für andere Dinge.

Meal Prepping heißt auch, dass du jederzeit schnell eine gesunde Mahlzeit aus wenigen Zutaten zaubern kannst, weil du »fitte« Lebensmittel bereits auf Vorrat im Hause hast. Du bist vorbereitet, »prepared«, deinem Körper nur Gutes zu geben: ob mit selbst gemachten Snacks oder praktischen Lebensmitteln aus dem Supermarkt, die du nur aufreißen musst. Und wenn du abends mit Bärenhunger nach Hause kommst, brauchst du nur deine Top 5 in die Pfanne zu werfen und hast in 5 Minuten eine leckere Mahlzeit auf dem Teller, die dich schlank hält und glücklich macht.

Schlank-Food aus der Lunchbox: deine Vorteile

Du sparst …
- Geld
- Nerven
- Zeit

Es ist …
- gesünder
- ökologischer
- frischer

Und macht …
- Spaß
- schlank
- erfolgreich

Food Prep versus Meal Prep

Food Prep bedeutet, dass du bestimmte Lebensmittel in größeren Mengen kochst oder vorbereitest und sie kühlst oder einfrierst, um bei Bedarf fix eine cleane Mahlzeit zu kreieren. Das klappt prima mit Hülsenfrüchten, Gemüse, Obstmischungen, Pseudogetreide oder Kartoffeln. Meal Prepping ist das Vorbereiten kompletter Mahlzeiten. Das kann das Frühstück sein, das du am Vorabend zusammenstellst, oder dein Mittagessen, von dem du am Wochenende gleich mehrere Portionen kochst.

Meine Food-Prep-Tipps

- Frische Lebensmittel nicht zu früh einkaufen.
- Für dein Frühstück einmal im Monat Granola in großen Portionen vorbereiten.
- Brötchenteig machen, in Bällchen einfrieren – und schon hast du immer frische Brötchen aus dem Ofen.
- Pizzateig vorbereiten, einfrieren und bei Bedarf nach Wahl belegen und backen.
- Ofengemüse mit einer Marinade aus Olivenöl, frischem Rosmarin, Knoblauchpulver, Zitronensaft und getrocknetem Oregano mischen.

Meine Meal-Prep-Blogbuster

- Chiapudding
- Overnight Oats
- Schichtsalat
- Suppen und Eintöpfe
- Pfannengerichte mit Gemüse und Fleisch, Fisch oder Tofu
- Wraps und belegte Brote
- Hähnchenspieße

So preppe ich!

Jeden zweiten Morgen bereite ich all meine Mahlzeiten des Tages für zwei Tage vor. Das bedeutet: Ich kaufe zwei- bis dreimal die Woche ein. Dank etwas Übung brauche ich fürs Kochen nur 30 bis 45 Minuten. Insgesamt wandern dann acht Boxen in meinen Kühlschrank. Dass ich zwei Tage hintereinander das Gleiche esse, macht mir nichts aus. Denn ein paar unterschiedliche Gewürze sorgen hier ganz easy für Abwechslung.

Perfekt organisiert: In 5 Schritten zum Prep-Profi

Damit Fast Food in deinem Alltag nicht wieder gewinnt, müssen wir dich zunächst zum Prep-Pro machen. Denn mit einer kleinen Kochsession ins Blaue hinein ist es leider nicht getan. Davor solltest du dir ein paar Gedanken zur Planung deiner Mahlzeiten machen und natürlich richtig einkaufen. Aber auch beim Abfüllen und Lagern deiner Gerichte kannst du vieles falsch machen. Auf den folgenden Seiten findest du zahlreiche Tipps und Tricks, die dir in der Küche helfen.

Schritt 1: Clever planen

Nimm dir Zeit, setz dich hin und mach dir zunächst folgende Gedanken und Notizen: Reicht es dir, zunächst nur für den folgenden Tag vorzukochen? Oder möchtest du für zwei Tage vorbereitet sein, so wie ich es handhabe? Oder willst du sogar dahin kommen, die ganze Woche oder Arbeitswoche »prepared« zu sein?

Anfänger machen sich einfach an meine Rezepte und kochen für zwei Tage ein Gericht vor – vielleicht erst einmal nur ein Frühstück oder eine Hauptmahlzeit, später dann die gesamte Tagesration. Profis können direkt für fünf Tage preppen und den Schwierigkeitslevel der Rezepte mit mehr Zutaten oder einer raffinierteren Zubereitung erhöhen.

Es gibt, wie du im Buch siehst, unzählige Prepping-Varianten. Überlege dir, was dir wichtig ist und welche Mahlzeiten bei dir kritisch sind. Möchtest du gerne ein Frühstück zum Mitnehmen? Spielt das Mittagessen die größte Rolle für dich? Oder läufst du meist abends Gefahr, beim Imbiss zu landen? Wie viele und welche Mahlzeiten in deinen Meal-Prep-Plan fallen, hängt davon ab, wie dein Alltag aussieht und wann du zu Hause oder unterwegs isst. Du entscheidest, was zu deinem Leben passt! Probiere aus, was für dich am besten funktioniert. Und berücksichtige bei deiner Planung Freunde und Familie. Möchtest du für deinen Partner mitkochen? Oder hast du vielleicht eine Kollegin, die mitisst?

Schritt 2: Richtig einkaufen

Die nächste Frage ist: Was kochst du überhaupt? Natürlich Gerichte, die deinen Körper optimal dabei unterstützen, attraktive Muskeln aufzubauen und überflüssiges Fett loszuwerden. Food, das dich fit und leistungsfähig macht – und glücklich. Die Rezepte sollen einfach sein, dabei trotzdem lecker und müssen das optimale Verhältnis von Kohlenhydraten, Proteinen und Fetten aufweisen. Auf jeden Fall spielt auch die Kalorienzahl eine Rolle. Und klar: Die Gerichte müssen sich gut mitnehmen lassen. All das habe ich bei meinen Rezeptvorschlägen in diesem Buch bedacht.

Natürlich gibt es Lebensmittel, die sich ideal zum Preppen eignen. Andere wiederum sind problematisch, da sie schnell verderben oder bei der Lagerung an Geschmack und Textur verlieren. Die besten Tipps für den Einkauf und Infos, welche Lebensmittel du immer im Haus haben solltest, gibt es ab Seite 19.

Schritt 3: Zeitsparend vorkochen

Ich empfehle dir, sowohl zum Einkaufen als auch zum Vorkochen genug Zeit einzuplanen und nicht einen Tag zu wählen, an dem du noch viele Termine hast. Aber auch hier gilt: Das Meal Prepping muss in dein Leben passen. Die Zeit, die du zum eigentlichen Prepping brauchst, lässt sich durch viele Küchenhacks verkürzen, indem du Arbeitsschritte zusammenlegst und natürlich auch mit dem richtigen Werkzeug ausgerüstet bist. Welche Tools ich dir empfehle, liest du im folgenden Kapitel ab Seite 15.

Schritt 4: Platzsparend verstauen

Für deinen perfekten Meal-Prep-Start solltest du dir unbedingt eine Grundausstattung an passenden Behältern zulegen. Damit du bei der riesigen Auswahl an Boxen, Gläsern und Co. nicht völlig überfordert bist, helfe ich dir, das optimale Starter-Paket zusammenzustellen. Ab Seite 37 erfährst du alle Vor- und Nachteile der jeweiligen Aufbewahrungsvariante und erhältst wertvolle Tipps, welches Behältnis warum zu welchem Gericht passt und wie du die fertigen Boxen optimal verstauen kannst.

Schritt 5: Korrekt lagern

Nachdem du dein Gericht zubereitet hast, stellt sich die Frage, wie du es so aufbewahrst, damit es so lange wie möglich frisch und lecker bleibt. Hier nur einige der Fragen, die sich automatisch stellen: Kann ich mein Gericht im Kühlschrank aufbewahren? Oder muss ich es einfrieren, wenn es sich länger halten soll? Ist es dazu überhaupt geeignet? Habe ich an meinem Arbeitsplatz die Möglichkeit, das Essen kühl zu stellen? Oder bin ich den ganzen Tag unterwegs und brauche eventuell eine Kühlbox? Keine Panik: Auf all diese Fragen findest du auf den kommenden Seiten Antworten.

Mit 8 Fragen zur perfekten Meal-Prep-Planung

- Für wie viele Tage möchte ich vorkochen?
- Welche Mahlzeiten möchte ich vorkochen und welche bereite ich weiterhin frisch zu?
- Welche Rezepte wähle ich aus?
- Für wie viele Personen preppe ich?
- Wann habe ich Zeit?
- Welche Boxen stehen zur Verfügung?
- Wie kann ich die Mahlzeiten frisch halten?
- Kann ich die Gerichte später aufwärmen?

Erfolg garantiert: Meine besten Küchenhelfer

Meal Prep soll dein Leben leichter machen, in jeder Hinsicht. Damit dir die Zubereitung deiner Lunches so viel Spaß macht wie mir, brauchst du clevere Unterstützung beim Kochen. Folgende Utensilien und Geräte helfen dir, in der Küche Zeit zu sparen und die gewünschten Ergebnisse zu erzielen. So kannst du die cleane Ernährung für einen fitten Körper entspannt umsetzen.

Für Einsteiger

Zur Basisausstattung zählen ein scharfes Messer aus rostfreiem Stahl und ein stabiles Schneidebrett, wahlweise aus Holz oder Plastik. Verwende am besten ein Brett für Gemüse und Obst und eines für Fleisch. So bist du safe, wenn es um fiese Keime geht, die vom rohen Fleisch in deine Rohkost wandern könnten. Verschiedene Küchenutensilien wie Rührlöffel oder Dosenöffner hast du bestimmt da oder kannst sie nach und nach ergänzen.

Eine digitale Küchenwaage zum Abmessen der Zutaten ist unerlässlich. Schließlich möchtest du die genaue Kontrolle über deine Portionen haben. Denn nur mit dem optimalen Nährstoffmix macht das Preppen Sinn. In amerikanischen Rezepten und Videos siehst du meist Portionslöffel oder Messbecher, mit denen du zum Beispiel eine Tasse oder einen Teelöffel abmessen kannst. Wichtig ist auch ein Pürierstab. Falls du noch keinen hast, kannst du erst einmal einen Kartoffelstampfer benutzen.

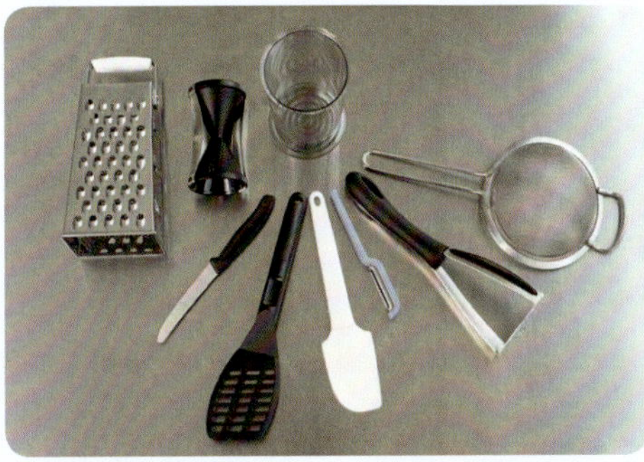

Deine Grundausstattung

- gute Messer
- digitale Waage oder Portionslöffel zum Abmessen
- Utensilien: Schneebesen, Sparschäler, Pfannenwender, Holzlöffel, Teigschaber, Dosenöffner, Schöpfkelle, Kartoffelstampfer
- Schneidebretter
- Rührschüsseln, Auflaufform und Backformenset
- Abtropf- oder Durchschlagsieb
- Reibe
- Pfanne, am besten mit hohem Rand und Deckel, sowie Töpfe und einen Dämpfeinsatz
- Pürierstab

Was noch? Du brauchst Rührschüsseln aus Edelstahl, Plastik oder Glas. Ich habe immer viele Schüsseln in unterschiedlichen Größen im Schrank und stelle sie mir mit den bereits abgewogenen Zutaten bereit. Backformen aus Silikon, wie die im Bild unten, sind leicht und der Inhalt bleibt nicht haften. Ich empfehle ein Muffinblech, eine Kastenform und Spring- oder Tarteformen. Auch eine Gugelhupfform kann nicht schaden.

Natürlich kannst du dein Sortiment an Silikonbackformen nach und nach erweitern. Eine Minimuffin-, Minigugelhupf- oder Cupcakeform ist prima für kleine Snacks aus dem Ofen zum Mitnehmen. Auch eine spezielle Riegelform oder eine für Minikuchen hilft enorm dabei, genau zu portionieren.

Eine quadratische Form ist ideal für gesunde Brownies. Kleine Eiswürfel- oder Schokogießformen eignen sich für kreative Snackideen. Eine Backmatte aus Silikon kannst du immer wieder verwenden. Das ist ökologisch und spart auf Dauer Geld.

In großen Pfannen, Töpfen und Auflaufformen lassen sich locker Gerichte für mehrere Tage vorkochen.

Mein Tipp

Mit einem speziellen Dämpfeinsatz beziehungsweise Dämpfkorb aus Edelstahl oder Silikon machst du aus deinem schlichten Topf einen Dampfgarer. So kannst du zeitgleich in einem Topf beispielsweise Kartoffeln kochen und Gemüse dämpfen. In einer beschichteten Pfanne kannst du fettarm braten. Ich habe eine mit hohem Rand und Deckel – sie eignet sich für Gemüsepfannen perfekt.

So preppe ich!

Glasschüsseln für deine Zutaten sind nicht nur gut zu reinigen und sowohl für Geschirrspüler als auch Mikrowelle geeignet, sondern sehen auch noch gut aus, wenn du zum Beispiel ein YouTube-Video drehen möchtest.

Für Profi-Prepper

Garmethoden in der Mikrowelle sparen zusätzlich Zeit. Hierfür gibt es spezielle Reis- und Getreidekocher, die Reis in 12 Minuten zubereiten. Und auf dem Herd sparst du eine Kochstelle und kannst in dieser Zeit etwas anderes zubereiten. Auch für Kartoffeln und Pasta gibt es Kochgeschirr für die Mikrowelle – sogar für Popcorn.

Praktisch ist ein Stabmixerset mit auswechselbaren Aufsätzen. Es bietet Pürierstab, Schneebesen und zum Beispiel noch Kartoffel- und Gemüsestampfer oder sogar Zerkleinerer in einem.

Eine Universal-Küchenmaschine oder ein Multizerkleinerer leistet gute Dienste, wenn du dein Meal Prep auf die nächste Ebene heben möchtest. Ich nutze meinen kleinen Blitzhacker zum Beispiel für Guacamole oder Hummus, um Zwiebeln zu zerkleinern oder mir das Reiben von Gemüse zu erleichtern. Die Küchenmaschine kann je nach Umfang fast alles leisten.

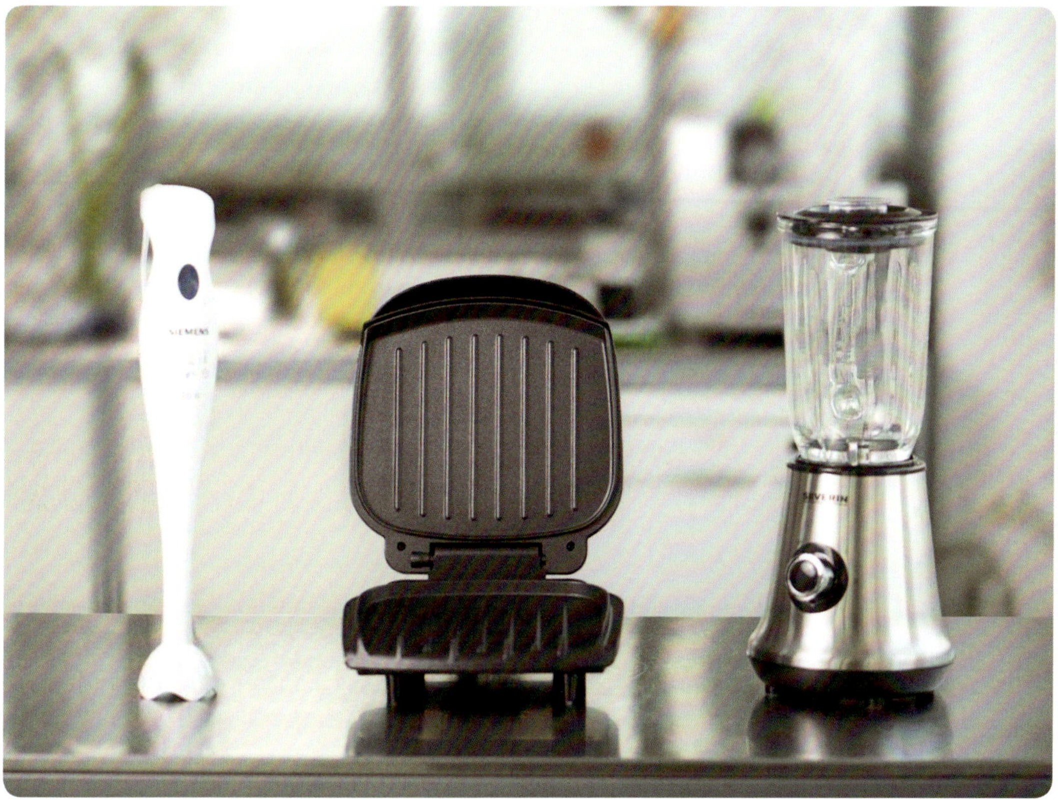

Ohne einen Spiralschneider könnte ich kaum noch leben. Er macht aus Zucchini oder Möhren im Handumdrehen »Spaghetti«, die nicht nur lecker, sondern auch kalorienfreundlich und somit das ideale Fitness-Food sind. Günstig sind sogenannte Handschneider. Alternativ lässt sich mit einem Sparschäler starten, um ähnlich aussehende »Tagliatelle« zu formen.

Cool ist auch eine spezielle Grillzange zum Wenden von Fleisch oder Pfannengemüse. Mit einem Schaumlöffel kannst du Zutaten aus kochendem Wasser nehmen. Ein Abkühlgitter ist super für alles, was aus dem Ofen kommt, zum Beispiel für Muffins. Auch verschieden große Trichter im Set helfen dir beim Ein- und Abfüllen von Flüssigkeiten wie Soßen.

Weitere ideale Küchengeräte

Du solltest dir überlegen, ob ein Eierkocher noch Platz in deiner Küche hat. Er kocht die Eier minutengenau und bietet zusätzlich eine Warmhaltefunktion – und der schnellste und beste Meal-Prep-Snack ist nun einmal das hart gekochte Ei. Und: Ein Standmixer mit Glasaufsatz (im Bild auf Seite 17 rechts) zaubert Soßen, Smoothies, Suppen, Mus und Nicecream in ultrakurzer Zeit.

Immer mehr Fitnesssportler setzen außerdem auf einen Kontaktgrill, wie im Bild auf Seite 17 in der Mitte dargestellt. Seine Vorteile: Burger, Geflügel, Steaks und Fisch kannst du mit minimalem Aufwand zubereiten, bei bestem Geschmack und möglichst kalorienarm. Denn eine Fettzugabe ist nicht nötig und überschüssiges Fett läuft einfach heraus und landet in der Auffangschale. Auch Gemüse gelingt mit dem Kontaktgrill perfekt und fettfrei.

Der Slow Cooker – auch Schongarer – liegt voll im Trend, denn das Essen wird darin dank der niedrigen Temperaturen besonders aromatisch, ist besser bekömmlich und enthält mehr Vitamine. Die längeren Wartezeiten zahlen sich also aus. Dafür kannst du meist einen Timer stellen, morgens alle Zutaten hineinfüllen, und wenn du nach Hause kommst, ist deine gesunde Mahlzeit fertig und wird sogar warm gehalten.

Keep it clean: Meine Superzutaten im Überblick

Es gibt Lebensmittel, die sich besser zum Preppen eignen als andere. Und wer glaubt, dass sich schnell und gesund ausschließen, den überzeuge ich vom Gegenteil. Meine Basics sind lecker, frisch, saisonal, möglichst wenig verarbeitet, vitalstoffreich, ausgewogen, vollwertig, gut zu lagern, einfach und kurz zu verarbeiten, gelingen immer und haben alle einen Fitnessaspekt.

Was braucht dein Körper? Natürlich die nötigen Nährstoffe und Vitamine für Energie in Sport und Alltag. Um das Beste aus deinem Training herauszuholen, musst du ausreichend Proteine und Kohlenhydrate zum richtigen Zeitpunkt in deiner Lunchbox parat haben. So förderst du die Erholung, baust gezielt Muskeln auf und verhinderst Leistungseinbrüche. Viele Sportler haben es vorgemacht: Bei ihnen stehen meist Fleisch, Bohnen und Reis auf dem Speiseplan – und das fünf Tage hintereinander. Mein Motto: Gesunde Ernährung einfach halten, aber mit Liebe und Abwechslung auf der Zunge.

Mein Tipp

Meide Zutaten mit langen Garzeiten, die kompliziert in der Zubereitung sind und sich schlecht lagern und mitnehmen lassen.

Icons für meine Rezepte

Damit du auf einen Blick siehst, was in meinen Rezepten drin beziehungsweise nicht drin ist, sind sie mit den entsprechenden Symbolen gekennzeichnet.

LAKTOSEFREI Die Rezepte sind ohne Milchzucker. Laktose steckt vor allem in Kuhmilch oder anderen tierischen Milchprodukten und ist für manche Menschen schwer verdaulich.

GLUTENFREI Gluten ist ein Kleberstoff aus Getreide wie Weizen, Hafer, Dinkel, Roggen und Gerste, es wird auch als Bindemittel für viele Lebensmittel eingesetzt. Diese Rezepte sind glutenfrei.

VEGETARISCH Das sind meine vegetarischen Rezepte, also ohne Fleisch, Fisch oder Meeresfrüchte.

VEGAN Meine veganen Rezepte kommen ohne jegliche tierische Produkte, also Fleisch, Fisch, Eier, Honig und Milchprodukte, aus.

ZUM EINFRIEREN Diese Rezepte eignen sich zum Einfrieren, das heißt, Konsistenz, Geschmack und Aussehen bleiben nach dem Auftauen weitestgehend erhalten.

MIT KH-BEILAGE Einige Rezepte sind nicht »low-carb«, das bedeutet, sie enthalten zumindest ein kohlenhydratreiches Lebensmittel wie Reis, Nudeln, Kartoffeln oder Brot.

Topeiweiße zum Preppen

Abnehmen ist kein Geheimnis. Wichtig ist zum Beispiel die Qualität der Proteine: Je hochwertiger das Eiweiß, desto besser kann dein Körper es aufnehmen. Optimal ist eine Mischung aus pflanzlichen und tierischen Proteinen.

Fleisch: fettarme Sorten

Es liefert viel Eiweiß, Kalzium, Eisen und B-Vitamine. Dabei ist Geflügel sicher das Topprodukt für Meal-Prepper, denn es ist besonders kalorienarm, allen voran Hähnchen- und Putenfleisch. In meine Gerichte kommen zudem mageres Rindfleisch, Lammfleisch, Schinkenwürfel, Lachsschinken und Kochschinken. Was sich wohl von selbst versteht: Von paniertem Fleisch solltest du die Finger lassen.

Vier wichtige Fakten zu Fleisch

- Fleisch lässt sich wunderbar einfach mit Sojasoße marinieren. Einfach in einen kleinen Zipperbeutel geben und im Kühlschrank ziehen lassen.
- Auch eine Marinade aus Olivenöl, Zitronensaft, Salz und Pfeffer ist lecker.
- Hähnchenbrust lässt sich ebenso gut im Ofen garen. Paprikapulver gibt eine leckere Kruste.
- Fleisch solltest du immer gut durchgaren, damit sich keine Bakterien entwickeln können.

Fisch – der Fettkiller

Wegen seiner begrenzten Haltbarkeit ist Fisch für eine längere Aufbewahrung nicht geeignet. Trotzdem solltest du für deine Gesundheit und eine gute Figur circa zweimal wöchentlich darauf zurückgreifen. Der Fettkiller Seefisch enthält wichtige Omega-3-Fettsäuren, die sich positiv auf die Insulinproduktion auswirken können. Meine Lieblinge aus dem Meer sind Garnelen, frisch oder tiefgefroren, Lachs, auch geräuchert, und Thunfisch, ob als Steak oder im eigenen Saft. Auf nachhaltige Fangmethoden zu achten, ist natürlich wichtig, aber leider auch eine Kostenfrage.

Das Ei: der Star unter den Schlankmachern

Eier sind das Meal-Prep-Food Nummer eins. Das Eiweiß aus Eiern ist besonders hochwertig und unser Körper kann es sehr gut aufnehmen. Außerdem lassen sich hart gekochte Eier prima vorbereiten und einfach so mitnehmen, denn die Verpackung wird direkt mitgeliefert. Ich bereite immer mehrere Eier vor – ob als Snack zum Mitnehmen oder für Salate. Ganz wichtig: immer ganz durchgaren! Je nach Größe und Ausgangstemperatur des Wassers werden die Eier in 10 bis 12 Minuten hart gekocht und dann abgeschreckt. Sie halten sich bis zu zwei Wochen im Kühlschrank, bei Zimmertemperatur nur zwei bis drei Tage. Aber auch Rührei lässt sich gut mitnehmen und schmeckt kalt ebenso gut.

Mein Tipp

Setze nur auf Eier aus artgerechter Hühnerhaltung, also mindestens aus »Freilandhaltung«. Am besten aber sie sind aus ökologischer Haltung, also Bioeier. Die erste Ziffer auf dem Ei steht immer für das Haltungssystem.

0 = Eier aus ökologischer Erzeugung
1 = Eier aus Freilandhaltung

Milchprodukte – die Veggie-Varianten

Kalzium aus Quark und Co. hilft ebenfalls, das Körpergewicht zu regulieren. Zum Preppen kaufe ich bevorzugt Mozzarella, Schafskäse, körnigen Frischkäse, Milch, Naturjoghurt und Skyr. Magerquark ist ganz klar der Schlankmacher Nummer Eins unter den Milchprodukten: viel Eiweiß, wenig Fett und lange sättigend.

Pflanzliche Proteine – nicht nur für Veganer

Es muss nicht immer Fleisch sein. Eiweiß lieferst du deinem Körper auch aus anderen Quellen. Ich habe eigentlich immer eine Soja-Quarkalternative im Kühlschrank, die sich süß zum Frühstück oder auch herzhaft zubereiten lässt. In meinen Rezepten kannst du Magerquark auch immer dadurch ersetzen. Tofu, Räuchertofu, Seitan und Co. sind ebenfalls wertvoll für deine Muskeln und zum Preppen ideal. Nüsse, Kerne und Hanfsamen als Topping liefern eine Extraportion Proteine und werten jedes Gericht auf.

Gute Kohlenhydrate zum Preppen

Mit »guten« Kohlenhydraten meine ich vor allem die langkettigen Kohlenhydrate, die dich lange satt machen und deinen Blutzuckerspiegel auf einem konstanten Level halten. Sie gehören zu jeder gesunden Ernährung, die fit und schlank macht.

Reis und Nudeln – die Energiebooster

Reis ist ideal zum Vorbereiten und Mitnehmen. Dabei lässt er sich vielseitig einsetzen, auch süß, und es gibt ihn in unzähligen Varianten – keine Chance also für Langeweile in der Box. Das Korn ist ein ideales Fitness-Food, denn es wirkt entwässernd, enthält kaum Fett, dafür aber Eiweiße und sättigt gut. Du stehst mehr auf Nudeln? Dann greif besser zu denen aus Vollkorn. Ob in warmen Gemüsepfannen oder kalt im Salat: Pasta geht bei mir immer!

Kartoffeln und Süßkartoffeln – die tollen Knollen

Beide sind dank ihrer Stärke Kraftpakete, die kaum Fett enthalten und sich in der Lunchbox als Sportleressen prima machen. Der schlechte Ruf der Kartoffel gründet auf ihrer Zubereitung als Pommes oder Bratkartoffeln. Ich zeige dir, wie es auch anders geht. Die Süßkartoffel macht übrigens länger satt als die Kartoffel, reguliert den Blutzuckerspiegel und ist dank ihrer natürlichen Süße ideal für alle Naschkatzen. Kein Wunder, dass sie momentan so im Trend liegt. Ich liebe sie auch.

Quinoa, Amarant und Co. – die Superfoods

Produkte aus weißem Weizenmehl verwende ich nicht, denn sie enthalten außer Energie kaum Gutes und passen nicht zu meinem sportlichen Lifestyle. Gesundes aus dem vollen Korn findest du stattdessen in den Pseudogetreiden Quinoa und Amarant, die neben guten Kohlenhydraten wertvolle Proteine liefern. Haferflocken und Hirse sind meine Frühstückshelden. Sie spenden mir Kraft für den Tag. Und wenn in die Lunchbox ein schnelles Pausenbrot soll, greife ich zu Vollkornbrot oder -brötchen.

Hülsenfrüchte – die Eiweißchampions

Kein anderes pflanzliches Lebensmittel enthält so viel Protein wie Hülsenfrüchte, zudem gute Kohlenhydrate und Ballaststoffe, dafür wenig Fett. Besonders Vegetarier und Veganer sollten hier ausgiebig zugreifen. Wenn es schnell gehen muss, sind Kichererbsen, Kidneybohnen, Linsen und Co. aus der Dose die erste Wahl. Doch in Biomärkten findest du bei den getrockneten Hülsenfrüchten eine noch viel größere Auswahl an verschiedenfarbigen Linsen und Bohnen.

Mein Tipp

Gleich die gesamte Packung zubereiten und portioniert einfrieren.

Öl und Co. – Fette, die beim Abnehmen helfen

In der kalten Meal-Prep-Küche verwende ich gerne Olivenöl, Kürbiskernöl, Walnussöl und Leinöl. Das Leinöl lege ich dir ans Herz, wenn du kaum oder wenig Fisch isst, denn es enthält über 65 Prozent mehrfach ungesättigten Fettsäuren, allen voran die lebensnotwendige Alpha-Linolensäure. Für warme Gerichte habe ich feines, nicht kalt gepresstes Rapsöl, Kokosöl und raffiniertes Sesamöl daheim. Diese kannst du stark erhitzen, ohne dass sich giftige Stoffe bilden oder sie an Qualität verlieren. Am besten lagerst du deine Öle kühl und dunkel.
Eine weitere Quelle für gute Fette sind Nüsse und Kerne, beispielsweise Sonnenblumenkerne, Kürbiskerne, Pinienkerne, Erdnüsse, Sesamsamen, Leinsamen, Haselnüsse, Walnüsse, Mandeln oder Cashewkerne. Auf Vorrat solltest du auch immer Nussmus haben, es eignet sich für Soßen, Toppings und vieles mehr. Meine Favoriten sind Erdnussmus, Mandelmus und Tahin. Und: Zwei fetthaltige und wunderbar gesunde Lebensmittel, die sich gut preppen lassen, sind Avocados und Oliven.

Süßungsmittel für fitte Naschkatzen

Süß ja, herkömmlicher Zucker nein. Und damit du gar nicht erst in Versuchung kommst, habe ich einige Alternativen für dich zusammengestellt: Datteln, Ahornsirup, Reissirup, Honig, Kokosblütenzucker, Birkenzucker (Xylit), Stevia, Erythrit (kalorienfrei; kommt in der Natur vor, wird aber künstlich hergestellt), Bananen.

Gesunde Backzutaten

Wenn du gerne Kuchen, Brownies oder Muffins auf Vorrat backen möchtest, findest du hier ein paar Anregungen für proteinreiche und kohlenhydratarme Zutaten, die gut für den Körper und fürs Gewissen sind: Kokosmehl, Mandelmehl, Buchweizenmehl, Dinkelmehl, Eiweißpulver, zum Beispiel Backprotein, Kokosraspel, Haferflocken, Reissirup, Kokosblütenzucker, Zartbitterschokolade und Nüsse.

Meine Top 5

Das sind jeweils meine Top 5, wenn es um Quellen für Eiweiße, Carbs und gute Fette geht:

- Thunfisch, Meeresfrüchte, Eiweißpulver, Tofu, Eier
- Kartoffeln, Reis, Kichererbsen, Haferflocken, Tiefkühlbeeren
- Nüsse, Chiasamen, Leinöl, Olivenöl, Nussmus

»Schnelles« Fit-Food

Diese Lebensmittel eignen sich besonders gut zum Meal Prep, denn sie brauchen nicht lange in der Zubereitung, sind gesund und lassen sich vielfältig kombinieren:

- **Rote Linsen:** kurze Garzeit von nur 15 Minuten, super für Suppen, Currys und Aufstriche.
- **Grüner Spargel:** zeitsparender als der weiße – waschen, Enden abschneiden, verarbeiten.
- **Drillinge:** Diese kleinen Kartoffeln sind schneller gar, besonders fix geht's im Schnellkochtopf.
- **Couscous, Amarant und Quinoa:** Sie zählen zu den Kurz- bzw. Schnellgarern und schmecken sowohl süß als auch salzig.
- **Expressreis:** In der Mikrowelle gegart, ist er in 2 Minuten einsatzbereit.
- **Proteinpulver:** einfach in Quark oder Joghurt rühren oder mit Milch shaken – fertig.

Lebensmittelliste für deinen Meal-Prep-Vorrat

Wenn du diese Zutaten im Haus hast, bist du ideal vorbereitet und kannst dir jederzeit – auch wenn mal die Zeit für einen Einkauf fehlt – leckere und gesunde Mahlzeiten zusammenstellen.

Tiefgekühlt

- Obst und Gemüse
- Erbsen
- Fleisch, Fisch und Meeresfrüchte
- Kräuter (super sind Mischungen wie italienische Kräuter oder Kräuter der Provence)

Dosen und Gläser

- Hülsenfrüchte (Mais, grüne Bohnen, Kichererbsen, Kidneybohnen, weiße Bohnen, Linsen etc.)
- Nussmus
- Kokosmilch
- passierte, stückige und ganze Tomaten
- Artischocken
- Apfelmus (ungezuckert)
- saure Gurken

Im Vorratsschrank

- Gewürze und getrocknete Kräuter
- Nüsse und Samen
- Hülsenfrüchte (getrocknet/ungekocht)
- Trockenfrüchte (z. B. Datteln, Gojibeeren, Cranberrys)
- Apfelessig, Weißweinessig, Balsamicoessig
- Sojasoße, Tamarisoße, Fischsoße
- Gemüsebrühe
- Misopaste
- Tomatenmark
- Senf
- Tabasco
- Currypaste
- Pflanzendrink (Sojadrink, Mandeldrink, Kokosdrink etc.)
- Kakaopulver (Backkakao)
- Kakao-Nibs
- Süßungsmittel (Birkenzucker, Ahornsirup, Stevia etc.)

Meal-Prep-Kalender: Obst, Gemüse und Salat der Saison

Obst darf in deiner Tagesplanung nicht fehlen. Und auch Gemüse eignet sich hervorragend zum Preppen. Dabei kannst du neben frischem auch Tiefkühlgemüse und -obst verwenden. Der Vorteil: Es ist bereits gewaschen und geschnitten – du sparst also Zeit –, lässt sich lange lagern und steht in puncto Inhaltsstoffe der Frischkost in nichts nach, auch wenn die Konsistenz nach dem Auftauen meist nicht mehr knackig ist. Ob frisch oder tiefgekühlt: Wenn es geht, setze ich auf Bioqualität.

Das ganze Jahr über Saison

Bananen, Kiwis, Ananas, Mangos, Zitronen und Orangen werden aus dem Ausland importiert. Dadurch gibt es sie das ganze Jahr über. Beeren, Mangos und Ananas kaufe ich auch gern tiefgefroren. Dasselbe gilt beispielsweise auch für Spargel, Rhabarber und Kräuter. Und ich kaufe sie in der Saison frisch ein und friere sie für später im Jahr ein.

So preppe ich!

Ich esse wahnsinnig gern Pfannengemüse. Also schnipple ich einmal im Monat Gemüsemischungen vor und friere sie ein. Schneller und frischer geht's nicht!

	Frühling	Sommer	Herbst	Winter
Obst	Äpfel (gelagert), Rhabarber, Erdbeeren (ab Mai), Kirschen und Stachelbeeren (ab Juni)	Aprikosen, Himbeeren, Erdbeeren, Johannisbeeren, Stachelbeeren, Süßkirschen, Pflaumen, Birnen, Mirabellen, Brombeeren, Heidelbeeren, Wassermelone	Äpfel, Birnen, Zwetschgen, Trauben	Äpfel, Birnen
Gemüse	grüner Spargel, Spinat, Erbsen, Frühlingszwiebeln, Knoblauch, Pak Choi, Radieschen, Champignons	Radieschen, Kohlrabi, Mangold, Bohnen, Karotten, Tomaten, Paprika, Zucchini, Blumenkohl, Brokkoli, Gurken, Rotkohl, Wirsing, Auberginen, Sellerie, Chinakohl, Erbsen, Fenchel, Lauch, Frühlingszwiebeln, Champignons	Kürbis, Rote Bete, Fenchel, Lauch, Rosenkohl, Pastinaken, Chicorée, Chinakohl, Grünkohl, Pak Choi, Champignons	Grünkohl, Chicorée, Champignons
Salat	Lollo Rosso, Bataviasalat, Eichblattsalat, Kopfsalat, Kresse, Rucola, Postelein	Kopfsalat, Bataviasalat, Eichblattsalat, Endiviensalat, Lollo Rosso, Kresse, Rucola, Radicchio	Feldsalat, Kresse, Postelein	Feldsalat, Kresse

Mein Tipp

Wer auch im Winter saisonal essen will, der sollte Obst und Gemüse einfrieren oder einlegen. Gerne verwende ich auch getrocknete Tomaten, am besten ohne Öl.

Meine Notfalltipps

Du bist unterwegs, hast keine Möglichkeit, ein Gericht zu kühlen oder zu erwärmen, und möchtest trotzdem verhindern, dass du in die Snackfalle tappst? Für solche Fälle habe ich immer eine kleine Dose mit einem Notfallvorrat dabei: Mandeln oder Cashewkerne, Trockenfrüchte, hart gekochte Eier, Möhrensticks oder Gemüsechips.

Weitere Lieblingszutaten von mir sind: TK-Asia-Gemüse, TK-Garnelen, Kokosmilch, Eier und Dosentomaten. Aus ihnen lässt sich im Handumdrehen eine Mahlzeit zubereiten. Und wenn du dein Essen mal vergessen oder wirklich nichts vorbereitet hast? Diese Dinge gibt es in jedem Supermarkt und lassen sich ohne Kochen snacken:

- **Magerquark:** mit ein paar Früchten oder einem Süßungsmittel eine Proteinbombe.
- **Reiswaffeln:** pur oder mit Putenbrust, Frischkäse oder anderem Aufschnitt nach Wunsch belegt.
- **Studentenfutter:** als Snack ein Must-have in jeder Schublade oder auf Reisen.
- **Äpfel:** wahrscheinlich der älteste Snack der Welt – reinbeißen, kauen, schlank bleiben.
- **Cocktailtomaten:** prima zum Mitnehmen und Zwischendurch-in-den- Mund-Stecken.
- **Putenbrustaufschnitt:** Diese Low-Carb-Köstlichkeit schmeckt sogar ohne Brot.
- **Geräucherter Fisch:** zum Beispiel Makrelenfilet, sehr lecker mit Kräuterquark.
- **Hart gekochte, gefärbte Eier (zur Osterzeit):** machen lange satt und liefern wertvolle Proteine.

Ideen für Resteessen

- **Gemüsereste:** Verwendung für Omeletts, Aufläufe, Ofengemüse mit Feta, Reisgerichte
- **Gemüse-, Fleisch- oder Hülsenfrüchtereste:** Verwendung in Salaten, Suppen und Currys, aufpeppen von Rührei
- **Obstreste:** ideal für Quark- und Joghurtspeisen

Office-Lunch: Must-haves fürs Büro

Um während der Arbeitszeit nicht in die Snackfalle zu tappen und deinem mitgebrachten Essen den letzten Schliff zu geben, solltest du dort folgende Lebensmittel auf Vorrat haben:

- ungezuckertes Müsli oder Haferflocken
- Nüsse
- Dinkel- oder Maiswaffeln
- Proteinpulver
- Gemüsebrühe
- Gewürze
- verschiedene Teesorten

Geldsparhacks: 10 Tipps für deinen Einkauf

Tipp 1: kurze Wege

Kaufe Frisches einen Tag oder direkt vor deiner Meal-Prep-Session ein. Schreibe die Lebensmittel in der Reihenfolge auf deine Einkaufsliste, wie sie im Supermarkt angeordnet sind: meist also Obst, Gemüse, Eier, dann Milchprodukte und Fleisch und als Letztes Dosen und Abgepacktes. So vermeidest du langes Suchen und wirst nicht so leicht von Angeboten in Versuchung geführt. Die Produkte für deinen Einkaufszettel im Überblick:

- Kräuter (Kresse, Basilikum, Dill, Petersilie etc.)
- Obst
- Gemüse
- Salate
- Eier
- Milchprodukte
- Fleisch und Fisch

Tipp 2: Vorratspack

Reis und Linsen kaufe ich gerne im Asialaden günstig im Vorratspack. Auch Kartoffeln lassen sich in größeren Mengen kühl und trocken lagern, ebenso Süßkartoffeln.

Tipp 3: regional kaufen

Bauern aus deiner Umgebung bieten Obst, Gemüse, Kartoffeln und Eier meist günstig an.

Tipp 4: Eigenmarken

Im Discounter shoppst du immer günstig. Auch Eigenmarken in anderen Supermärkten kosten häufig nur ein Drittel des Markenpreises.

Tipp 5: günstiges Obst

Es müssen nicht immer frische Himbeeren oder Pfirsiche sein. Äpfel sind auch gesund, kalorienarm und das Obst zum Sparen schlechthin, wenn du sie im großen Beutel kaufst.

Tipp 6: Biofleisch

Beim Fleisch solltest du auf gute Qualität achten. Biofleisch in größeren Mengen einkaufen und einfrieren. Übrigens: Hähnchenflügel und -schenkel sind günstiger als Brust. Einfach die Haut abziehen und verarbeiten.

Tipp 7: Fleischersatz

Magerquark als Proteinquelle ist viel günstiger als Fleisch und Fisch.

Tipp 8: Mandeln und Co.

Nüsse sind von manchen Anbietern teuer. In der Backabteilung findest du Haselnüsse, Mandeln und Walnüsse zu einem niedrigeren Preis.

Tipp 9: Sonderangebote

Wenn Kidneybohnen und Kichererbsen in der Dose günstig sind – ordentlich zugreifen. Ein Vorrat an Hülsenfrüchten ist immer willkommen.

Tipp 10: Tiefgekühlt

TK-Gemüse, zum Beispiel Suppengemüse oder Kaisergemüse im Großbeutel, ist unschlagbar günstig und bildet die Grundlage deiner To-go-Gerichte.

Let's prep – an die Töpfe, fertig, los

Genug der Vorbereitung: Jetzt geht's endlich los. Entweder hast du Samstag eingekauft und dir den Sonntag als Meal-Prep-Tag für die ganze Woche ausgesucht. Oder du stellst dich abends in die Küche, so wie ich, um für den kommenden Tag oder die nächsten zwei bis drei Tage vorzukochen. Du allein entscheidest, welche Variante dir am besten liegt.

Multitasking in der Küche

Mit der Zeit wird dir das Vorkochen in Fleisch und Blut übergehen und du wirst deine Lieblingslebensmittel und Methoden haben, die zeitsparend und für dich möglichst einfach sind. Bis es so weit ist, kannst du dich an meine Tipps und Tricks halten, wie du kreativ mit den Zutaten umgehst und wie du deine Küche und die Abläufe clever organisierst.

Die Küche effizient nutzen

Sorge dafür, dass deine Schränke gut organisiert, also Produkte nach Gruppen geordnet sind, du alle Lebensmittel sehen und gut erreichen kannst und du nicht den Überblick verlierst. Toll sind zum Beispiel Drehteller, auch für den Schrank, die du für Gewürze, Öle und Co. nutzen kannst.

Meine Zeitspartipps

Womit solltest du beginnen? Wie lassen sich Garzeiten gut kombinieren? Was kannst du gleichzeitig machen? Fragen über Fragen. So legst du eine clevere Reihenfolge fest, um dein Prepping zu optimieren und es so einfach wie möglich zu machen:

- Ideal ist es, wenn du alle Rezepte und Zutaten vorher schriftlich festhältst: ob in einem Büchlein, auf deinem Handy, Tablet oder Laptop. So hast du schon im Vorfeld einen Überblick und bestenfalls einen Plan.

- Lies dir die Rezepte immer sorgfältig durch und sorge dafür, dass alle Zutaten eingekauft sind. Die Grundstruktur, also der zeitliche Ablauf, sollte bereits am Vorabend stehen – für perfektes Zeitmanagement.

So preppe ich!

Beim Vorbereiten meiner Mahlzeiten höre ich immer Musik, zum Beispiel Buena Vista Social Club. Den Fernseher lasse ich aus, denn er lenkt mich nur ab. Auch ich musste erst einmal herausfinden, welcher Tag und welche Tageszeit für mich ideal zum Preppen sind. Ganz wichtig: immer direkt aufräumen nach dem Meal Prep!

- Lege dir alle Zutaten und Gewürze vorher auf der Arbeitsplatte zurecht. Wasche, putze und schneide Obst, Gemüse oder Kartoffeln. Wiege Zutaten bereits ab und fülle sie in kleine Schälchen.

- Stelle alle Geräte, die du benötigst, bereit.

- Starte mit Zutaten, die lange garen müssen, beispielsweise im Ofen, und bereite Salate und Rohkost zum Schluss vor.

- Koche mehrere Zutaten gleichzeitig, zum Beispiel Kartoffeln in einem Topf und das Gemüse parallel im Dämpfeinsatz.

- Verwende die Mikrowelle für Kartoffeln und Reis, das verkürzt die Garzeit.

- Nutze Ofen und Herd gleichzeitig, zum Beispiel Gemüse im Topf kochen und Süßkartoffelpommes im Ofen garen.

- Einmal kochen, viermal nutzen: Verwende Möhren zum Beispiel im Salat, in der Gemüsepfanne, als Mus und in der Suppe.

- Koche mehrfach zu verwendende Zutaten wochenweise. Mache also eine Reis-, Hirse- oder Kartoffelwoche und bereite Salate, Suppen oder Gemüsepfannen mit dem jeweiligen Produkt zu.

- Stelle auf deinem Handy unterschiedliche Alarmzeiten ein, so behältst du den Überblick darüber, was wann fertig ist.

- Kartoffeln, Zucchini, Möhren und Hokkaidokürbis kannst du mit Schale verarbeiten, allerdings musst du sie vorher sorgfältig waschen.

»Keine Zeit zum Preppen?
Dann steh einfach eine Stunde früher auf!«

Garzeiten für Gemüse			
Gemüse	Gekocht (in Minuten)	Gedämpft (in Minuten)	Mikrowelle (in Minuten)
Auberginen	besser nicht	5–6	2–4
Blumenkohl	4–6	3–5	2–3
Brokkoli	4–6	5–6	2–3
Erbsen	8–12	4–5	2–3
Grüne Bohnen	15–20	10–20	7–8
Grüner Spargel	8	20	4–5
Grünkohl	10–15	15–20	8
Kartoffeln	15–20	10–12	6–8
Kohlrabi	8–12	10–25	5–6
Kürbis	8–15	10–15	6
Lauch	10	10	5–6
Mangold	besser nicht	2–3	1–2
Möhren	5–10	4–5	4–5
Pilze	besser nicht	4–5	2–3
Spinat	besser nicht	3–5	besser nicht
Zucchini	3–5	4–6	1–3

Für Brokkoli und Blumenkohl gibt es einen Trick, wie du ihn prima schonend und lecker garen kannst: Röschen auf einem Teller verteilen, ein feuchtes Küchenpapier darübergeben, sodass alles bedeckt ist, und bei 650 Watt 6 Minuten in der Mikrowelle garen.

Clevere Garmethoden

Damit lässt sich die Garzeit verkürzen: Kochwasser vorher im Wasserkocher erwärmen, einen Topf mit Deckel benutzen, im Schnellkochtopf und der Mikrowelle garen. Der Dämpfeinsatz erlaubt gleichzeitiges Garen und spart so Zeit. Außerdem bleiben mehr Vitamine im Gemüse, da diese nicht ins Kochwasser ausgeschwemmt werden. Der Slow Cooker gart, während du nicht zu Hause bist oder andere Dinge tust. Garen im Ofen spart Kalorien, daher gare ich Gemüse gerne auf dem Blech oder in einer Auflaufform im Backofen.

Gegen Langeweile: Gerichte aufpeppen und abwandeln

Heute mediterran, morgen indisch, übermorgen asiatisch: Ein Gericht kannst du in drei Varianten zubereiten – das geht am besten mit Gewürzen. Denn wenn du dauerhaft schlank sein willst, sollte Food mit Wow-Effekt in deiner Lunchbox sein.

Mit Kräutern würzen

Neben frischen und tiefgekühlten Kräutern gibt es auch gefriergetrocknete Kräuter, die sich für Meal Prep hervorragend eignen, da sie sich gut lagern lassen.

Oregano beispielsweise geht immer. Aber auch Rosmarin und Thymian verwende ich gerne. Knoblauchpulver lässt sich schneller verarbeiten als frischer Knoblauch und auch Zwiebeln gibt es bereits gewürfelt und getrocknet in der Dose zu kaufen.

Richtige Gemüsebrühe kaufen

Das Fertigpulver ist praktisch, um schnell eine Brühe zu machen oder Suppen, Soßen und Gerichte zu würzen. Doch was steckt drin?

Nicht immer sind Geschmacksverstärker einfach zu erkennen. Sie verstecken sich auch hinter Begriffen wie »Hefeextrakt«. Daher verwende ich gerne eine hefefreie Gemüsebrühe. Manche Brühen enthalten auch Zucker als Geschmacksverstärker. Meist steht Salz an erster Stelle der Zutatenliste. Wer also salzreduziert kochen möchte, verwendet Brühpulver sparsam.

Geschmack selbst mixen

Auf Dauer nur Salz und Pfeffer zu verwenden, ist öde. Im Handel gibt es zahlreiche Gewürzmischungen, von indisch über mediterran bis asiatisch. Wer jedoch genau wissen möchte, was ins Essen kommt, stellt einfach seine eigene Gewürzmischung her. Nimm ein kleines Schraubglas und mische dir:

- **Für Fleisch:** Paprikapulver edelsüß, Knoblauchpulver, getrocknete Kräuter, wie Oregano, Rosmarin und Thymian, bunte Pfefferkörner, Salz
- **Für Fisch:** bunte Pfefferkörner, Knoblauchpulver, Zitronenabrieb, Chiliflocken, Salz
- **Für Gemüse:** Paprikapulver, Cayennepfeffer, Rosmarin, Thymian, Kurkuma, Muskatnuss, Salz

So preppe ich!

Diese Würzmittel habe ich immer parat: gemahlenen Ingwer, gemahlene Vanille, Chiliflocken, Knoblauchpulver, Zimtpulver, geräuchertes Paprikapulver, Kurkuma, Cayennepfeffer, Kümmel, Kräutermischungen und Flav Drops.

Gesunde Soßen und Dressings

Damit es nicht trocken und eintönig wird, bildet Tomatenmark die Basis meiner meisten Soßen. Einfach mit Wasser verlängern, mit Kräutern und Gewürzen verschiedene Geschmacksrichtungen geben – fertig! Auch aus Tahin (Sesampaste) und Erdnussmus lassen sich schnelle Soßen zaubern. Ein einfaches und leichtes Dressing rühre ich aus Naturjoghurt und Gewürzen an. Rezepte dazu findest du ab Seite 44. Öl und Gemüse verwende ich nicht immer streng nach Rezept, sondern tausche sie durch das aus, was da ist und was ich mag.

Mit Toppings verfeinern

Für den geschmacklichen Kick sorgen Toppings. Dafür eignen sich gehackte Nüsse und Kerne. Diese liefern zudem wertvolle Vitamine, Mineralstoffe und Proteine. Lecker sind zum Beispiel helle oder schwarze Sesamsamen, gehackte Walnüsse oder Sonnenblumenkerne. Sprossen sind super als Topping für Suppen und Currys. Das Topping nehme ich immer in einem separaten Behälter mit. Gerne gebe ich kurz vor dem Essen einen Schuss Leinöl über mein Lunchgericht, meine Suppe oder meinen Salat.

Meine Top-5-Toppings

- Hummus
- Gomasio (geröstete Sesamsamen mit Meersalz)
- frische Kräuter
- gemischte Kerne
- geröstete Kichererbsen

Smoothie preppen leicht gemacht

Einen Smoothie vorzubereiten, damit er bei Bedarf in ein paar Sekunden zubereitet ist, geht ganz easy. Ich zeige dir hier zwei Varianten, die beide gut funktionieren:

Smoothie-Bags

So geht's: Alle festen Zutaten für deinen Smoothie vorbereiten, in kleine Gefrierbeutel füllen und einfrieren. Du brauchst sie dann nur noch in den Mixer zu werfen und mit Flüssigkeit aufzufüllen – so hast du jederzeit einen frischen leckeren Smoothie im Eisfach parat.

Smoothie-Würfel

So geht's: Obst und Gemüse getrennt mit wenig Wasser pürieren und in XXL-Eiswürfelbehältern einfrieren. Für den Smoothie einfach ein paar Würfel mit Flüssigkeit in den Mixer geben – fertig ist dein Vitaminbooster.

Richtig lagern – die besten Boxen und Frischetipps

Mal ehrlich: Es gibt nichts Nervigeres, als wenn du deine Tasche aufmachst und deine Lunchbox sich über den gesamten Inhalt verteilt hat. Aber natürlich nützt auch die beste Box nichts, wenn du dein Essen nach der Zubereitung nicht optimal lagerst.

Welcher To-go-Behälter sich wofür eignet

Inzwischen gibt es nicht nur in jedem Supermarkt prima Plastikboxen in vielen Varianten zu kaufen, auch im Internet kannst du Lunchboxen shoppen, von günstig bis teuer, von zweckmäßig bis stylisch. Glas- und Aluminiumbehälter eignen sich zum Beispiel, wenn du dein Gericht vor dem Essen im Ofen zubereiten möchtest. Besonders dekorativ sehen spezielle Einmachgläser, »Mason Jars«, aus. Sie sind toll, wenn du gerne dein Lunchgericht auf Instagram postest. Du kannst natürlich auch ganz normale, günstige Einmachgläser oder alte Gläser verwenden. Zum Mitnehmen sind Glasbehälter schwerer als andere Transportboxen.

Bei Frischhaltedosen aus Plastik ist darauf zu achten, dass sie BPA-frei sind und einen Klickverschluss mit guter Gummierung haben – dann sind sie auslaufsicher. Viele der Boxen sind stapelbar und sehr leicht. Achte darauf, dass sie für Mikrowelle und Geschirrspüler geeignet sind.

Falls du dich fragst, wie groß die Boxen sein sollen: Ich nehme gerne 1-Liter-Boxen. Und: In gute Qualität zu investieren, ist nie verkehrt. Denn du investierst damit auch in einen fitten Körper. Auch Butterbrotpapier für Sandwiches und Wraps sowie Plastikbeutel (hier gibt es auch mehrfach wiederverwendbare mit Zip-Verschluss) leisten gute Dienste.

Icons für die To-go-Behälter

Im Rezeptteil kennzeichnen Symbole, welche Box du für das Gericht am besten verwendest.

- Du brauchst eine gut verschließbare Vorratsdose ohne Unterteilung.
- Du benötigst eine Bentobox oder eine Vorratsdose mit Unterteilungen.
- Du brauchst einen Shaker für Drinks oder Smoothies.
- Du benötigst ein separates Soßendöschen.
- Du verwendest am besten ein Schraub- oder Weckglas.

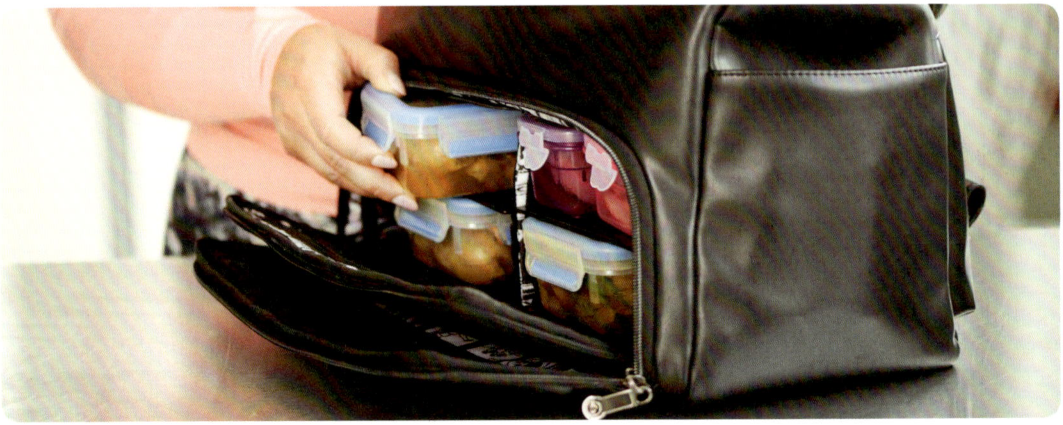

Weiteres Meal-Prep-Zubehör

Für Suppen gibt es spezielle Plastikbehälter, die, aus der Mikrowelle genommen, gleich als Bowl dienen. Aber auch Thermoskannen sind prima, wenn du deine Suppe warm halten möchtest, weil du keine Gelegenheit zum Kochen hast. Ein Shaker für deine Smoothies und Proteinshakes ist immer eine gute Idee. Salat-to-go-Behälter haben meist ein separates Salatsoßenfach oder eines für Toppings und manche sogar Besteck an Bord.

Ich habe mein Besteck immer dabei. Im Internet findest du tolle Bestecksets to go, ob aus Edelstahl oder Kunststoff. Silikonboxen mit Deckel zum portionierten Einfrieren sind ebenso unerlässlich wie kleine Snack- oder Salatsoßenbehälter.

Muffinförmchen aus Silikon lassen sich prima zweckentfremden, um Dinge in der Box zu trennen, zum Beispiel Cocktailtomaten in der Snackbox oder Guacamole in der Salatbox.

Mein Tipp

Schau mal bei Campinggeschirr nach. Auch hier gibt es tolle Meal-Prep-Ideen zum Mitnehmen!

So preppe ich!

Da ich öfter fliegen muss, ist es natürlich wichtig für mich, dass ich mein Essen mitnehmen darf. Und die EU-Richtlinien für das Handgepäck sind streng. Auch hier gilt: Flüssigkeiten über 100 Milliliter sind nicht erlaubt. Das solltest du bei deiner extra Salatsoße bedenken. Ansonsten eignen sich Wraps und Brote sowie feste Snacks, zum Beispiel Obst und Gemüse oder Riegel und Nüsse. Auf Suppen oder Smoothies würde ich verzichten. Und Achtung: Steige lieber auf Plastikbesteck um, hier gibt es auch hochwertige Varianten, damit kommst du sicher durch den Check-in.

Getrennt mitnehmen

Manche Zutaten nehme ich gerne getrennt mit und füge sie erst vor Ort meinem Essen hinzu. Vor allem Salat hält sich länger, wenn du alle Zutaten kurz vor dem Verzehr mischst. Ich nehme die Dose Thunfisch dann einfach so mit. Auch Soßen und Dips fülle ich getrennt ab, ebenso das Topping für Chiapudding und Co.

Kühlen und einfrieren

Du hast deine Gerichte vorgekocht und abgefüllt, prima. Nun solltest du sie komplett auskühlen lassen, bevor du sie in den Kühlschrank oder das Gefrierfach stellst. Aber sie sollten auch nicht zu lange bei Zimmertemperatur stehen bleiben, spätestens ein bis zwei Stunden nach dem Kochen solltest du die Boxen kühl stellen. Allgemein gilt: Gekochte oder gebratene Lebensmittel und Gerichte kannst du drei bis vier Tage im Kühlschrank aufbewahren. Eine Ausnahme bildet Fisch. Rohe und frische Lebensmittel und Gerichte halten sich im Kühlschrank zwei bis maximal drei Tage. Hast du Portionen für später vorgekocht, solltest du die Boxen oder Gläser einfrieren.

Mein Tipp

Es gibt spezielle kleine Kühltaschen und Meal-Prep-Taschen zum Mitnehmen, die besonders im Sommer hilfreich sind, wenn du viel unterwegs bist. Ich habe im Auto immer eine Kühlbox im Kofferraum, um meine Lunchboxen kalt zu halten. Ohne Kühlung kannst du gekochte Gerichte zwei bis vier Stunden transportieren.

Frische sichern

Frische hängt auch von der Temperatur in deinem Kühlschrank ab. Die optimale Kühlschranktemperatur liegt bei 7 °C. Kaufe dir kleine, ablösbare Klebeetiketten und beschrifte deine Boxen mit Einfrierdatum und Inhalt. Achte beim Einräumen darauf, dass du frische Gerichte nach hinten ins Gefrierfach stellst und ältere Gerichte nach vorne rückst. Wichtig ist auch, dass deine Behälter luftdicht schließen. Das sichert Frische und verhindert Gefrierbrand. Eingefrorene Gerichte verbrauche ich nach zwei bis sechs Monaten.

Top zum Einfrieren

- **Obst:** Bananen, Beeren, Ananas, Mango
- **Gemüse:** Spargel, Bohnen, Mais, Tomaten, Erbsen, Möhren, Blumenkohl, Brokkoli, Avocado in Stücken, Kräuter

Flop zum Einfrieren

Milchprodukte, gekochte Kartoffeln, Obst/Gemüse mit hohem Wasseranteil (z. B. Gurken), Salate, gekochtes Eiweiß, gekochte Nudeln

Tipps zum Auftauen

Nimm deine tiefgekühlten Gerichte am Abend vorher heraus und lasse sie sanft im Kühlschrank auftauen, nicht bei Zimmertemperatur! Gerichte, die vor dem Essen in den Ofen kommen, musst du nicht vorher auftauen.

So preppe ich!

Ich klebe mir gerne kleine Post-its mit Motivationssprüchen auf meine Boxen. Wichtig: Formuliere positiv und knackig. Zum Beispiel: Nichts ist unmöglich. Be the best! Lebe deine Träume! Ich gebe niemals auf! Just do it!

Checkliste: So lange bleiben deine Lebensmittel frisch

Lebensmittel	Haltbarkeit im Kühlschrank	Haltbarkeit im Gefrierfach
Fleisch- und Geflügelgerichte	3–4 Tage	4–6 Monate
Fischgerichte	1–2 Tage	4–6 Monate
Eintöpfe und Suppen	3–4 Tage	2–3 Monate
Hart gekochte Eier	1–2 Wochen	–
Brot und Brötchen	–	4–6 Monate
Hackfleisch	1 Tag	3–4 Monate
Hähnchen (roh)	1–2 Tage	9 Monate
Schweine-, Lamm- und Rindfleisch (roh)	3–5 Tage	4–6 Monate
Fleisch (gegart)	3–4 Tage	2–3 Monate
Suppen und Gerichte mit Fleisch und Gemüse	3–4 Tage	2–6 Monate

Dein Kühlschrank: Was kommt wohin?

Rohe Lebensmittel, beispielsweise rohes Fleisch oder Fisch, werden im untersten Fach des Kühlschranks gelagert. Gekochtes Essen und Lebensmittel wie Joghurt, Quark oder Käse kommen in die mittleren Fächer.

Avocadohälften richtig lagern

Meist nutzen wir nur eine Avocadohälfte, die andere wandert in den Kühlschrank und wird schnell braun. Das verhinderst du, indem du den Kern nicht entfernst, die Hälfte mit etwas Zitronensaft beträufelst und in Frischhaltefolie einwickelst.

Mein Tipp

Räume einmal pro Woche deinen Kühlschrank auf. Wirf weg, was nicht mehr gut ist, und rücke nach vorne, was bald verbraucht werden muss.

1 Ganz oben: haltbare Lebensmittel wie Marmelade, Hartkäse, Eingelegtes und Mahlzeitenreste, die bald verzehrt werden sollten

2 In der Mitte: Milchprodukte wie Joghurt, Quark oder Schnittkäse und Wurst

3 Unten: leicht verderbliche Lebensmittel wie frisches Fleisch und Fisch gehören ins kälteste Fach

4 Die etwas milderen Temperaturen im Gemüsefach halten Obst und Gemüse frisch und knackig

5 In der Tür: Eier, Butter, angebrochene Soßen und Getränke

Meal Planning

Meine Prep-Pläne für Einsteiger, Eilige, Vegetarier und Profis

Folgende Vorschläge sollen dir helfen, deine Mahlzeiten und Abläufe in der Küche perfekt zu organisieren, damit du Zeit, Geld und Nerven sparst und Zutaten geschickt kombinierst und mehrfach verwendest. Später wirst du dann in der Lage sein, deinen Meal-Prep-Tag selbst clever durchzuplanen. Jeder Plan ist auf zwei Tage ausgelegt, der für Profis auf fünf Tage. Frohes Preppen!

Meal Prepping für Einsteiger

Meal-Prep-Tag	Einkauf der Zutaten (siehe Einkaufsliste) Vorbereitung der Gerichte für 2 Tage Zeitdauer: ca. 1 Stunde 20 Minuten			
	Frühstück	**Mittagessen**	**Snack**	**Abendessen**
Tag 1	Frühstückspudding Cheesecake Style *(Seite 68)*	Kichererbsen-Karotten-Pfanne mit Hack *(Seite 133)*	Berrylicious-Box *(Seite 163)*	Leichte Mittelmeerquiche *(Seite 105)*
Tag 2	Frühstückspudding Cheesecake Style *(Seite 68)*	Orientalischer Schüttelsalat *(Seite 84)*	Berrylicious-Box *(Seite 163)*	Leichte Mittelmeerquiche *(Seite 105)*

Einkaufsliste

Obst, Gemüse und Kräuter

100 g gemischte frische Beeren (nach Angebot und Saison), alternativ 150 g TK-Beerenmischung
Saft von ¼ Orange
4 getrocknete Aprikosen (ca. 40 g)
150 g Möhren
1 kl. Zucchini (250 g)
1 gelbe Paprikaschote
2 Tomaten
3–4 Frühlingszwiebeln
1 Knoblauchzehe
¼ Bund glatte Petersilie
1 ½ EL TK-Petersilie

Milchprodukte, Käse, Eier und Ersatzprodukte aus dem Kühlregal

150 ml Milch (1,5 % Fett)
350 g Magerquark
2 TL Frischkäse (20 % Fett i. Tr.)
75 g Naturjoghurt (1,5 % Fett)
100 g geriebener Mozzarella
50 g leichter Schafskäse
2 Eier
100 ml Mandeldrink, alternativ Milch (1,5 % Fett)

Fleisch

125 g mageres Hackfleisch (z. B. Rind)

Hülsenfrüchte, Reis und Co.

230 g Kichererbsen (Dose)

Flocken, Saaten, Kerne und Nüsse

30 g Chiasamen

230 g zarte Haferflocken

60 g Nuss-Kerne-Mix (z. B. Mandelkerne und Cashewkerne)

Öle und Fette

4 EL Olivenöl

Kokosöl

Gewürze

1 TL gemahlene Bourbonvanille

gemahlener Kreuzkümmel

Paprikapulver

Salz, bunter Pfeffer aus der Mühle

Muskatpulver

Chilipulver

Sonstiges

1 TL Backpulver

25 g Oliven

1 EL Tomatenmark

Besondere Küchenutensilien und Meal-Prep-Behälter

1 Tarteform (ø 26 cm)

1 Standmixer

2 Schraubgläser à 500 ml

1 Shaker, alternativ Schraubglas

3 Vorratsdosen

2 kleinere Vorratsdosen

So sieht dein Meal-Prep-Tag aus

Step 1 (5 Minuten)

Alle Zutaten zurechtlegen und die Meal-Prep-Behälter bereitstellen. Den Backofen auf 180 °C Ober-/Unterhitze vorheizen und die Tarteform mit etwas Kokosöl auspinseln.

Step 2 (10–15 Minuten)

Jetzt geht es ans Schnippeln: Gemüse für die Quiche, den Salat und die Hackpfanne vorbereiten, gegebenenfalls waschen, putzen und klein schneiden. Die jeweiligen Mengen für jedes Gericht in Schüsseln bereitstellen. Frische Petersilie abbrausen, trocken schütteln und fein hacken. Alternativ kannst du auch auf TK-Petersilie zurückgreifen. Oliven in Scheiben schneiden. Knoblauch schälen und Frühlingszwiebeln putzen und in Ringe schneiden. Schafskäse in Würfel schneiden. Kichererbsen in ein Sieb geben, mit kaltem Wasser abspülen und abtropfen lassen. Beeren abbrausen, verlesen und in einem Sieb abtropfen lassen.

Step 3 (20 Minuten)

- Den Boden für die Quiche vorbereiten: Haferflocken in einen Standmixer geben und circa 1 Minute auf hoher Stufe zu Hafermehl vermahlen. In der Zwischenzeit Quark und Öl in einer Schüssel cremig rühren. Hafermehl, Backpulver und Salz hinzufügen und alles zu einem glatten Teig verrühren. Den Teig in die Form geben und mit den Fingern auf den Boden der Form drücken, dabei einen kleinen Rand hochziehen. Am besten macht sich das mit leicht bemehlten oder feuchten Händen. Den Teig mehrmals mit einer Gabel einstechen und 10 Minuten im heißen Ofen vorbacken.

- Währenddessen die Eier in ein hohes Rührgefäß schlagen und mit der Milch verquirlen. Mit Salz, Pfeffer und Muskat würzen und den geriebenen Mozzarella unterrühren.

- Das Dressing für den Salat vorbereiten: den Orangensaft mit Kreuzkümmel, Paprikapulver, Salz und Pfeffer direkt in den Shaker geben. Die Knoblauchzehe dazupressen und zum Schluss das Olivenöl mit einem Löffel unterrühren.

Step 4 (35–40 Minuten)

- Die Tarteform aus dem Ofen nehmen und den Teig mit dem Gemüse belegen. Die Eier-Milch-Mischung darübergießen und die Quiche weitere 30 bis 35 Minuten im heißen Ofen backen.

- Währenddessen eine beschichtete Pfanne erhitzen und das Hackfleisch krümelig anbraten. Tomatenmark unterrühren und mit Salz, Pfeffer und Kreuzkümmel würzen. Die Hälfte der Möhrenscheiben und die Frühlingszwiebeln in die Pfanne geben und 3 Minuten mitbraten. Kichererbsen und TK-Petersilie hinzufügen und alles miteinander verrühren. Den Herd ausschalten und das Gericht in die Vorratsdose füllen und abkühlen lassen. Die restlichen Kichererbsen und Möhren in den Shaker füllen. Die Schafskäsewürfel und gehackte Petersilie darüberstreuen, Deckel schließen und in den Kühlschrank stellen.

- Chiasamen und Haferflocken in Schraubgläser füllen und mit dem Mandeldrink verrühren. Quark, Frischkäse und Vanille hinzufügen und alles gut vermengen. 150 Gramm gemischte Beeren auf die beiden Gläser verteilen, die Gläser fest verschließen und in den Kühlschrank stellen. Die Snackbehälter mit den restlichen Beeren, Trockenfrüchten und Nüssen füllen.

- Die Quiche aus dem Ofen holen und etwas abkühlen lassen. In vier Portionen teilen. Zwei Portionen in Vorratsdosen verstauen, den Rest einfrieren.

Hinweis: Der Joghurt für die Möhrenpfanne mit Hack bleibt im Becher und wird mitgenommen.

Meal Prepping für Eilige

Meal-Prep-Tag	Einkauf der Zutaten (siehe Einkaufsliste) Vorbereitung der Gerichte für 2 Tage Zeitdauer: ca. 1 Stunde			
	Frühstück	**Mittagessen**	**Snack**	**Abendessen**
Tag 1	Hirse-Porridge mit Apfel-Zimt-Birnen und Haselnuss-Crunch *(Seite 76)*	Asiasuppe aus dem Glas *(Seite 98)*	Bananenbrot mit Beeren *(Seite 151)*	Ofenlachs mit Tomaten und Brokkoli-Cashew-Mash *(Seite 118)*
Tag 2	Hirse-Tomaten-Omelett *(Seite 75)*	Asiasuppe aus dem Glas *(Seite 98)*	Bananenbrot mit Beeren *(Seite 151)*	Ofenlachs mit Tomaten und Brokkoli-Cashew-Mash *(Seite 118)*

Einkaufsliste

Obst, Gemüse und Kräuter

3 Bananen

½ Apfel

½ Birne

125 g gemischte Beeren (nach Angebot und Saison), alternativ TK

200 g Kirschtomaten

3 Frühlingszwiebeln

1 Knoblauchzehe

2 Brokkoli (ca. 800 g)

2 kl. Möhren (ca. 100 g)

1 Zucchini (ca. 250 g)

2 EL gehackte Koriander oder Petersilie (TK oder frisch)

4 Basilikumblätter (nach Belieben)

100 g TK-Erbsen

Milchprodukte, Käse, Eier und Ersatzprodukte aus dem Kühlregal

200 g Magerquark

50 g ungesüßter Sojajoghurt, z. B. Mandelgeschmack

4 Eier

Fisch

2 × 150 g Stremellachs

Hülsenfrüchte, Reis und Co.

100 g Hirse (Rohgewicht)

100 g Nudeln (z. B. Mie-Nudeln)

Flocken, Saaten, Kerne und Nüsse

180 g Haferflocken

Öle und Fette

1 EL Cashewmus, alternativ Erdnussmus oder Kokosöl
10 g Haselnüsse
2 TL Sesamöl
2 TL Olivenöl, alternativ Raps- oder Kokosöl

Gewürze

2 TL dunkle Misopaste
Zimtpulver
1 TL gemahlene Bourbonvanille
Muskatpulver
Salz, bunter Pfeffer aus der Mühle

Sonstiges

150 g geräucherter Tofu
1 TL Backpulver
15 g veganes Eiweißpulver, z. B. Vanillegeschmack

Besondere Küchenutensilien und Meal-Prep-Behälter

1 Kastenbackform, alternativ aus Silikon
1 Standmixer
2 Schraubgläser à 750 ml
6 Vorratsdosen

So sieht dein Meal-Prep-Tag aus

Step 1 (10 Minuten)

- Alle Zutaten zurechtlegen und die Meal-Prep-Behälter bereitstellen. Eine Kastenbackform mit Backpapier auslegen und den Backofen auf 200 °C Ober-/Unterhitze (180 °C Umluft) vorheizen.

- Haferflocken in einen Standmixer geben und in circa 30 Sekunden auf hoher Stufe zu Hafermehl verarbeiten. Beeren abbrausen, verlesen und gegebenenfalls klein schneiden. Alternativ kannst du auch tiefgefrorene Beeren verwenden und diese kurz antauen lassen. 2 Bananen mit einer Gabel zerdrücken. Die dritte Banane längs halbieren und zur Seite legen. Eier in einer Schüssel verquirlen und mit den zerdrückten Bananen verrühren. Hafermehl, Backpulver, Vanille und Quark unterrühren. Zum Schluss die gemischten Beeren unterheben. Den Teig in die Kastenbackform oder alternativ in eine Silikonform gießen, mit den restlichen Bananenhälften belegen und 40 bis 50 Minuten im Ofen backen.

Step 2 (10 Minuten)

- In der Zwischenzeit die eingeweichte Hirse in einem Sieb abgießen und mit frischem Wasser abspülen. Hirsekörner in einen Topf mit 250 ml Wasser geben und 10 Minuten bei mittlerer Hitze kochen. Brokkoli putzen, in Röschen teilen und waschen. Alternativ kannst du auch auf TK-Brokkoli zurückgreifen. Brokkoli 10 Minuten kochen.

- Apfel und Birne für das Hirse-Porridge schälen, entkernen und in Würfel schneiden. Obst zusammen mit 2 EL Wasser in einem Topf zum Kochen bringen. Mit Zimt bestreuen und bei mittlerer Hitze 5 Minuten köcheln lassen.

Step 3 (15 Minuten)

- Währenddessen das restliche Gemüse vorbereiten und in Schüsseln separieren: Tomaten waschen und halbieren, Frühlingszwiebeln putzen und in feine Ringe schneiden, Knoblauchzehe schälen, Möhren schälen und in feine Stifte oder Scheiben schneiden, Zucchini waschen und ebenfalls klein schneiden. Tofu in circa 1 cm große Würfel schneiden.

- Brokkoli abgießen und mit einem Kartoffelstampfer zerdrücken. Cashewmus hinzufügen und alles mit Salz, Pfeffer und Muskat abschmecken. Brokkoli-Cashew-Mash mit der entsprechenden Menge Tomaten in die Vorratsdosen füllen.

Step 4 (15 Minuten)

- Die Eier mit Wasser in einer Schüssel verquirlen und mit Salz und Pfeffer würzen. Fleisch aus der Pfanne nehmen und das restliche Öl in die Pfanne geben.

- Frühlingszwiebel, Tomate und Hirse in der Pfanne kurz anbraten. Die Eiermasse darübergießen und alles bei mittlerer Hitze stocken lassen. Ab und zu umrühren.

- Während das Omelett in der Pfanne stockt, die Misopaste mit Pfeffer und Sesamöl in die Gläser geben, Knoblauchzehe dazupressen und alles kurz verrühren. Das Bananenbrot aus dem Ofen holen und abkühlen lassen.

Step 5 (10 Minuten)

- Die Möhren- und Zucchinistücke zusammen mit den TK-Erbsen in die Schraubgläser geben. Die Nudeln mit den Händen zerbrechen und auf dem Gemüse verteilen. Den Tofu und die Frühlingszwiebeln darüberstreuen und die Gläser fest verschließen. Das Omelett aus der Pfanne nehmen und in eine Vorratsdose geben. Hähnchenbrustfilet und Stremellachs in die Vorratsdosen zum Brokkoli-Cashew-Mash geben.

- Die restliche Hirse mit Joghurt und Eiweißpulver verrühren und in eine Vorratsdose füllen. Haselnüsse mit dem Messer grob hacken und in einer Pfanne ohne Fett rösten, bis sie duften. Haselnuss-Crunch und Apfel-Zimt-Kompott in die Vorratsdose füllen.

- Bananenbrot in Scheiben schneiden und vier Scheiben in eine Vorratsdose füllen, den Rest einfrieren. Alle Meal-Prep-Behälter nach dem Abkühlen in den Kühlschrank stellen.

Meal Prepping für Vegetarier

Meal-Prep-Tag	Einkauf der Zutaten (siehe Einkaufsliste) Vorbereitung der Gerichte für 2 Tage Zeitdauer: ca. 1 Stunde 25 Minuten			
	Frühstück	**Mittagessen**	**Snack**	**Abendessen**
Tag 1	Kokos-Chia-pudding mit Mangomus *(Seite 63)*	Asia-Nudelsalat-Box mit Tofu *(Seite 93)*	»No Bake« Protein-Balls *(Seite 158)*	Wochenmarkt-Frittata *(Seite 102)*
Tag 2	Kokos-Chia-pudding mit Mangomus *(Seite 63)*	Asia-Nudelsalat-Box mit Tofu *(Seite 93)*	»No Bake« Protein-Balls *(Seite 158)*	Brokkoli-Erbsen-Suppe (ohne Schinken) *(Seite 122)*

Einkaufsliste

Obst, Gemüse und Kräuter

1 Banane
Saft von 2 Limetten
1 Mango
2 Möhren (ca. 100 g)
1 rote Paprikaschote
3 Frühlingszwiebeln
1 Zwiebel
1 Brokkoli (ca. 400 g)
100 g Kartoffeln
75 g grüner Spargel
¼ Zucchini (ca. 60 g)
25 g Kirschtomaten
75 g Champignons
1 TL fein geriebener Ingwer nach Belieben
100 g TK-Beeren
150 g TK-Erbsen

Milchprodukte, Käse, Eier und Ersatzprodukte aus dem Kühlregal

2 EL Milch
3 Eier
250 g Soja-Quarkalternative
200 ml Kokosnussdrink ohne Zuckerzusatz

Flocken, Saaten, Kerne und Nüsse

30 g Chiasamen
60 g Dinkelflocken, alternativ Haferflocken
120 g zarte Haferflocken
50 g gehackte Nüsse oder Kerne deiner Wahl (z. B. Mandeln oder Cashewkerne)
2 EL Kerne (z. B. Sonnenblumenkerne)
2 EL geröstete Erdnusskerne
plus gehackte Nüsse nach Belieben

Hülsenfrüchte, Reis und Co.

100 g Reisnudeln, alternativ Glasnudeln

Öle und Fette

1 EL Nussmus

1 TL Erdnussmus

1 TL Kokosöl

1 TL Rapsöl

1 TL Leinöl

Gewürze

1 TL rote Currypaste

Salz, bunter Pfeffer aus der Mühle

¼ TL gemahlener Kreuzkümmel

¼ TL geräuchertes Paprikapulver

Sonstiges

2 EL Kokosraspel

plus Kokosraspel nach Belieben

40 g Kokosmehl, alternativ Mandelmehl

20 g neutrales Eiweißpulver (z. B. Shape Republic Backprotein)

200 g Tofu

3 EL Sojasoße

2 EL Fischsoße

Besondere Küchenutensilien

1 runde Silikonform (ø 26 cm)

1 Hochleistungsmixer

3 Schraubgläser

5 Vorratsdosen

So sieht dein Meal-Prep-Tag aus

Step 1 (5 Minuten)

Meal-Prep-Behälter und Silikonform für die Frittata bereitstellen. Reisnudeln mit kochendem Wasser übergießen und nach Packungsanweisung quellen lassen. TK-Beeren in ein Sieb geben und antauen lassen. Den Backofen auf 180 °C Ober-/Unterhitze (160 °C Umluft) vorheizen.

Step 2 (10 Minuten)

Reisnudeln in ein Sieb abgießen, kalt abschrecken und abtropfen lassen. Zwiebel schälen und würfeln. Brokkoli in Röschen teilen und waschen. Kartoffeln schälen und in kleine Würfel schneiden. Rapsöl in einem Topf erhitzen und die Zwiebelwürfel anbraten. Brokkoli und Kartoffelwürfel in den Topf geben und alles knapp mit Wasser bedecken und leicht salzen. Das Gemüse 10 bis 15 Minuten kochen. TK-Erbsen in einem zweiten Topf mit leicht gesalzenem Wasser zum Kochen bringen und circa 5 Minuten blanchieren.

Step 3 (15 Minuten)

- In der Zwischenzeit die restlichen Zutaten klein schneiden und vorbereiten: Spargel waschen und halbieren, dabei die Enden abschneiden. Champignons putzen und in Scheiben schneiden. Zucchini waschen, putzen und ebenfalls klein schneiden. Tomaten waschen und halbieren. Frühlingszwiebeln putzen und in feine Ringe schneiden.

- Das Gemüse für die Frittata sofort in die Silikonform füllen. Möhren schälen, Paprika waschen und putzen. Beides in schräge Streifen schneiden.

- Tofu in circa 1 cm große Würfel schneiden und mit 2 TL Sojasoße marinieren.

- Erbsen vom Herd nehmen, in ein Sieb abgießen, mit kaltem Wasser abschrecken und abtropfen lassen. Den Topf mit dem Brokkoli und den Kartoffeln vom Herd nehmen.

- Eier mit der Milch verquirlen, würzen und über das Gemüse für die Frittata gießen. 10 bis 12 Minuten im heißen Ofen backen.

Step 4 (15 Minuten)

- Tofu aus der Marinade nehmen und mit Küchenpapier trocken tupfen. Kokosöl in einer Pfanne erhitzen und die Tofuwürfel darin bei mittlerer Hitze rundherum goldbraun anbraten.

- Reisnudeln, Gemüse und Tofu in die Vorratsdosen füllen.

- Für das Dressing die Hälfte des Limettensafts mit den restlichen Zutaten in einer Schüssel glatt rühren. In einen kleinen Behälter füllen und bis zum Verzehr kühl aufbewahren.

- Erbsen zu dem Brokkoli und den Kartoffeln in den Topf geben und das Gemüse mit dem Kochwasser pürieren. Nach Belieben mit Salz, Pfeffer und Kreuzkümmel abschmecken. Eine Suppenportion in ein Schraubglas füllen und den Rest in eine Vorratsdose geben und einfrieren bzw. für die nächsten Tage im Kühlschrank aufbewahren. Die Frittata aus dem Ofen holen und abkühlen lassen.

Step 5 (35–40 Minuten)

- Chiasamen, Dinkelflocken, Kokosraspel und Kokosnussdrink in einer Schüssel verrühren. Die pflanzliche Quarkalternative unterheben und in die Gläser schichten.

- Mango schälen und in Würfel schneiden. Die Hälfte der Mango mit dem restlichen Limettensaft pürieren. Mangomus auf dem Chiapudding verteilen und mit den restlichen Früchten toppen.

- Haferflocken in den Hochleistungsmixer geben und zu grobem Hafermehl mixen. Aufgetaute Beeren, Nussmus sowie die restlichen Zutaten in den Mixer geben und alles auf hoher Stufe zu einer homogenen Masse pürieren.

- Mit einem Löffel portionsweise von der Masse nehmen und mit den Händen zu Bällchen formen. Protein-Balls nach Belieben in Kokosraspeln, gehackten Kürbiskernen oder Nüssen wälzen und bis zum Verzehr luftdicht verpackt im Kühlschrank aufbewahren. Die restlichen »No Bake« Protein-Balls einfrieren oder verschenken. Kerne und geröstete Erdnüsse in kleine Behälter oder Zipperbeutel füllen und mitnehmen.

Meal Prepping für Profis

Samstag	Planung der Woche und des Einkaufs (Einkaufsliste Seite 54/55)			
Meal-Prep-Sonntag	Vorbereiten der Mahlzeiten Zeitaufwand: ca. 1 Stunde 45 Minuten			
	Frühstück	**Mittagessen**	**Snack**	**Abendessen**
Montag	Skyr mit Apfelkompott und Mandelgranola *(Seite 72)*	Orientalischer Schüttelsalat *(Seite 84)*	Fruchtiger Kernemix *(Seite 162)*	Ofengemüse mit Hähnchen und Zitronen-Joghurt-Dip *(Seite 129)*
Dienstag	Baked Oatmeal mit Nektarine und Beeren *(Seite 67)*	Ofengemüse mit Hähnchen und Zitronen-Joghurt-Dip *(Seite 129)*	Fruchtiger Kernemix *(Seite 162)*	Orientalischer Schüttelsalat *(Seite 84)*
Aktion am Dienstagabend: Das Veggie-Curry aus dem Gefrierfach nehmen und auftauen lassen. Mit dem Quinoa in Vorratsdosen portionieren. Avocado und Cashewkerne mitnehmen.				
Mittwoch	Skyr mit Apfelkompott und Mandelgranola *(Seite 72)*	Veggie-Curry mit Quinoa und Cashews *(Seite 146)*	Fruchtiger Kernemix *(Seite 162)*	Ofenlachs mit Tomaten und Brokkoli-Cashew-Mash *(Seite 118)*
Aktion am Mittwochabend: Die frischen Tomaten waschen, den Lachs anbraten und den Brokkoli-Mash in einem Topf oder in der Mikrowelle erwärmen. Alles zusammen auf einem Teller anrichten. Die Brokkoli-Erbsen-Suppe aus dem Tiefkühler nehmen und auftauen lassen.				
Donnerstag	Baked Oatmeal mit Nektarine und Beeren *(Seite 67)*	Veggie-Curry mit Quinoa und Cashews *(Seite 146)*	Fruchtiger Kernemix *(Seite 162)*	Brokkoli-Erbsen-Suppe *(Seite 122)*
Freitag	Baked Oatmeal mit Nektarine und Beeren *(Seite 67)*	Brokkoli-Erbsen-Suppe *(Seite 122)*	Fitnessdessert »Berry-Crunch« *(Seite 164)*	Schneller Gemüse-Bratreis *(Seite 103)*
Aktion am Freitagmorgen: Den Shake für das Fitnessdessert vorbereiten und alle Zutaten dafür mitnehmen. Der schnelle Gemüse-Bratreis wird am Abend zubereitet.				

Einkaufsliste

Obst, Gemüse und Kräuter

1 Banane
1 Nektarine
2 kleine säuerliche Äpfel (z. B. Boskoop)
25 g gemischte frische Beeren
Saft von ½ Orange
Saft von ½ Zitrone
1 Avocado
1 Bund Möhren (ca. 250 g)
50 g Kirschtomaten oder Tomaten nach Wahl
3 Brokkoli (ca. 1,2 kg), alternativ TK
200 g Kartoffeln
400 g Blumenkohl, alternativ TK
2–3 Knoblauchzehen
5 Zwiebeln
1 kg gemischtes Gemüse für das Ofengemüse (z. B. 400 g Zucchini, 200 g Paprika, 200 g Möhren, 200 g Kartoffeln)
250 g gemischtes Gemüse für den schnellen Gemüse-Bratreis (z. B. TK-Gemüse oder Gemüsereste)
100 g gemischte TK-Beeren
150 g TK-Erbsen
½ Bund glatte Petersilie, alternativ TK
1 EL TK-Petersilie
frischer Basilikum oder Kräuter nach Geschmack

Milchprodukte, Käse, Eier und Ersatzprodukte aus dem Kühlregal

500 g Skyr, alternativ Magerquark
250 g Naturjoghurt (1,5 % Fett)
400 ml Milch (1,5 % Fett), alternativ Pflanzendrink
100 g leichter Schafskäse
2 Eier (Größe L)
200 ml Mandeldrink, alternativ Milch

Fleisch und Fisch

50 g fettarme Schinkenwürfel
300 g Hähnchenbrustfilet, alternativ Putenbrustfilet oder geräucherten Fisch

Flocken, Saaten, Kerne und Nüsse

220 g kernige Haferflocken
25 g Mandeln
20 g gemahlene Mandeln
25 g gemischte Nüsse (z. B. Hasel- und Walnüsse)
80 g Cashewkerne
60 g Kürbiskerne
2 EL Sonnenblumenkerne, alternativ Kürbiskerne

Hülsenfrüchte, Reis und Co.

1 Dose Kichererbsen (Abtropfgewicht 265 g)
100 g Quinoa
50 g Basmatireis, alternativ Quinoa

Öle und Fette

1 TL Cashewmus, alternativ Erdnussmus
Kokosöl
Olivenöl
Rapsöl

Gewürze

Zimtpulver
½ TL gemahlener Kreuzkümmel
Salz, bunter Pfeffer aus der Mühle
Currypulver
Kurkuma- und Muskatpulver
Knoblauchpulver
Paprikapulver
300 ml vegane Gemüsebrühe

Sonstiges

4 Dinkelwaffeln, alternativ Maiswaffeln
2 EL Sojasoße
1 EL Ahornsirup
2 EL Kakaopulver, schwach entölt
1 TL Backpulver
30 g Whey-Isolat Schoko- oder Vanillegeschmack
40 g getrocknete Cranberrys
1 EL getrocknete Gojibeeren

Besondere Küchenutensilien und Meal-Prep-Behälter

1 Auflaufform (21 x 21 cm)
4 Schraubgläser
15 Vorratsdosen
1 Shaker

So sieht dein Meal-Prep-Tag aus

Step 1 (5–10 Minuten)

- Alle Zutaten, Meal-Prep-Behälter und Utensilien zurechtlegen. Den Backofen auf 190 °C Ober-/Unterhitze (175 °C Umluft) vorheizen.

- Beeren in einem Sieb antauen lassen. Kichererbsen in ein Sieb geben, mit Wasser abspülen und abtropfen lassen. Quinoa in ein feinmaschiges Sieb geben, mit heißem Wasser gründlich abspülen und anschließend mit 200 ml leicht gesalzenem Wasser zum Kochen bringen und ohne Deckel 15 Minuten kochen. Reis ebenfalls in leicht gesalzenem Wasser für 10 bis 15 Minuten kochen.

Step 2 (15 Minuten)

- Für das Apfelkompott die Äpfel schälen, entkernen, vierteln und in kleine Würfel schneiden. Apfelstücke mit den Gojibeeren, Zimt und 50 ml Wasser aufkochen und bei mittlerer Hitze 8 bis 10 Minuten einköcheln lassen. Ab und zu umrühren. Banane in Scheiben schneiden. Nektarine waschen, den Stein entfernen und in Scheiben schneiden. Mandeln und Nüsse mit einem Messer grob hacken.

- Haferflocken, Backpulver, Zimt und Salz mischen und gleichmäßig in der Auflaufform verteilen. Mit den Bananenscheiben und der Hälfte der Mandel-Nuss-Mischung belegen.

- Milch und Ei in einer Schüssel verquirlen und anschließend über die Haferflockenmischung gießen. Noch einmal alles gut mit einem Löffel vermengen und mit Nektarine, Beeren und der restlichen Mandel-Nuss-Mischung belegen. 35 bis 40 Minuten im heißen Ofen backen.

Step 3 (40 Minuten)

- In der Zwischenzeit Quinoa und Reis vom Herd nehmen. Apfelkompott ebenfalls vom Herd nehmen und in ein sauberes Schraubglas füllen. Deckel zuschrauben und das Glas mindestens eine Stunde auf den Kopf stellen.

- Als Nächstes das Gemüse für alle Gerichte vorbereiten und in Schüsseln zurechtstellen: Brokkoli und Blumenkohl in Röschen teilen und waschen. Möhren und Kartoffeln schälen und klein schneiden. Zwiebel schälen und in Würfel schneiden. Knoblauchzehen schälen. Möhren in Scheiben schneiden oder alternativ mit einer Gemüsereibe fein raspeln. Petersilie abbrausen, trocken schütteln und fein hacken. Schafskäse würfeln.
- Das Dressing für den Orientalischen Schüttelsalat vorbereiten: Orangensaft mit Kreuzkümmel, Paprikapulver, Salz und Pfeffer in einer Schüssel verrühren. Eine Knoblauchzehe dazupressen und das Olivenöl unterschlagen. Das Salatdressing in zwei Schraubgläser füllen.
- Die Brokkoliportion für den Brokkoli-Mash in einen Topf mit leicht gesalzenem Wasser geben und circa 10 Minuten kochen. Rapsöl in einem zweiten Topf erhitzen und die Zwiebel- und Schinkenwürfel anbraten. Kartoffeln und 400 g Brokkoli in den Topf geben und alles knapp mit Wasser bedecken und leicht salzen. Gemüse 10 bis 15 Minuten kochen. Die TK-Erbsen separat in leicht gesalzenem Wasser 5 Minuten kochen.
- Für das Veggie-Curry das Kokosöl in einer Pfanne erhitzen und zunächst Blumenkohlröschen und Möhrenscheiben 5 Minuten unter Rühren in der Pfanne anrösten. Dann die Zwiebelwürfel und die restlichen 400 g Brokkoliröschen hinzufügen und alles mit Currypulver, Kurkuma sowie den restlichen Gewürzen bestreuen und weitere 2 Minuten anrösten. Mit Gemüsebrühe ablöschen und weitere 3 bis 5 Minuten bei mittlerer Hitze kochen, bis das Gemüse bissfest ist. Nach Bedarf noch etwas mehr Gemüsebrühe hinzufügen und alles mit Salz und Pfeffer abschmecken.
- Parallel dazu alle Zutaten für das Ofengemüse auf dem Backblech verteilen. Knoblauch mit dem Messer platt drücken und alles mit Olivenöl beträufeln, gut vermengen und mit Salz und Pfeffer abschmecken.
- Erbsen abgießen und zum Brokkoli in den Topf geben. Brokkoli und Blumenkohl vom Herd nehmen.
- Das Veggie-Curry vom Herd nehmen, in eine Vorratsdose füllen, abkühlen lassen und in den Gefrierschrank stellen.
- Hähnchenbrustfilets mit kaltem Wasser abspülen und mit Küchenpapier trocken tupfen. Fleisch mit dem restlichen Olivenöl in einen Zipperbeutel geben, mit Salz, Pfeffer und Paprikapulver würzen und alles gut vermengen.

- Fleisch mit dem Öl und den Gewürzen auf das Backblech geben und 25 bis 35 Minuten im heißen Ofen backen. Nach 25 Minuten den Garzustand des Fleisches überprüfen. Alternativ kannst du das Fleisch auch in einer Pfanne anbraten.

Step 4 (25–35 Minuten)

- Das gebackene Müsli aus dem Ofen nehmen und abkühlen lassen.
- Brokkoli, Kartoffeln und Erbsen mit dem Kochwasser pürieren und mit Salz, Pfeffer und Kreuzkümmel abschmecken. Das Gemüsewasser vom Brokkoli abgießen und das Gemüse mit einem Kartoffelstampfer zerdrücken. Cashewmus hinzufügen und alles mit Salz, Pfeffer und Muskat abschmecken. In eine Vorratsdose füllen und abkühlen lassen. Bis zum Verzehr im Kühlschrank aufbewahren. Die Suppe in eine Vorratsdose füllen und abkühlen lassen.
- Für den Schüttelsalat die Kichererbsen und Möhren in die Gläser füllen und den gewürfelten Schafskäse daraufgeben. Mit der gehackten Petersilie toppen, die Gläser fest verschließen und in den Kühlschrank stellen.
- Kürbiskerne in einer beschichteten Pfanne anrösten, bis sie duften. Die Pfanne vom Herd nehmen und das Kokosöl, Kakao- und Zimtpulver hinzufügen und alles gut miteinander verrühren. Kürbiskerne auf einem mit Backpapier belegten Blech verteilen und abkühlen lassen.
- Für das Granola alle Zutaten in eine Tasse füllen und circa 1 Minute bei hoher Wattleistung in die Mikrowelle geben. Nach 30 Sekunden umrühren. Granola in der Tasse abkühlen lassen.
- In der Zwischenzeit den Joghurtdip vorbereiten. Joghurt mit Zitronensaft cremig rühren, mit Salz und Pfeffer abschmecken und in zwei Meal-Prep-Behälter mit mehreren Fächern füllen. Den Skyr für das Frühstück in Vorratsdosen portionieren und in den Kühlschrank stellen.
- Granola in eine kleine Vorratsdose geben und fest verschließen. Die Kürbiskerne zusammen mit den Cranberrys in vier kleine Vorratsdosen schichten und im Kühlschrank aufbewahren.
- Das Ofengemüse aus dem Backofen holen und etwas abkühlen lassen. Mit dem Fleisch in die Vorratsdosen zum Joghurtdip geben. Reis bis zum Verzehr in einer Schüssel oder Vorratsdose im Kühlschrank aufbewahren. Die Brokkolisuppe einfrieren und das Baked Oatmeal in vier Portionen teilen und im Kühlschrank aufbewahren.
- Die Avocado mitnehmen und erst kurz vor dem Verzehr in Scheiben schneiden und zusammen mit den Cashewkernen zum Gemüsecurry geben. Nach Belieben noch mit Basilikum oder Kräutern deiner Wahl toppen. Das Mandelgranola kurz vor dem Verzehr über den Apfel-Skyr geben.

Meine Rezepte

Meine Meal-Prep-Rezepte sind abwechslungsreich, lecker und einfach. Sie lassen sich schnell zubereiten, easy verpacken und unterwegs genießen. Fast Food und Kantinenessen wirst du in Zukunft ganz entspannt links liegen lassen.

Fitnessfrühstück

Chiapudding und Overnight Oats im Glas sind die sportlichen Klassiker unter den Mahlzeiten am Morgen für unterwegs. Für noch mehr Abwechslung in deiner Box gibt es jetzt leckere Frühstückswraps, saftige Omelettes und schnelle Smoothies, die dir als Meal-Prepper ein Lächeln aufs Gesicht zaubern.

VEGAN

LAKTOSE-FREI

Kokos-Chia-Pudding mit Mangomus

Für 2 Portionen

Zubereitungszeit: *10 Minuten*

Pro Portion: *360 kcal • 16 g EW • 13 g Fett • 40 g KH*

2 EL Chiasamen
60 g Dinkelflocken, alternativ Haferflocken
2 EL Kokosraspel
200 ml Kokosnussdrink ohne Zuckerzusatz
250 g Soja-Quarkalternative
1 Mango
Saft von 1 Limette

So geht's

1. Chiasamen, Dinkelflocken, Kokosraspel und Kokosnussdrink in einer Schüssel verrühren. Pflanzliche Quarkalternative unterheben. Die Chia-Kokos-Mischung in zwei Gläser geben.
2. Mango schälen und in Würfel schneiden. Die Hälfte der Mango mit Limettensaft pürieren. Mangomus auf dem Chiapudding verteilen und mit den restlichen Mangostücken toppen.

Du bist kein Kokosfan? Mit gehackten Nüssen, Soja- oder Mandeldrink und Himbeerpüree schmeckt der Chiapudding ebenfalls lecker. Hält sich prima 2 bis 3 Tage im Kühlschrank.

Bircher Müsli mit Beeren und Mandeln

Für 2 Portionen

Zubereitungszeit: *5 Minuten*

Quellzeit: *2 Stunden*

Pro Portion: *375 kcal • 17 g EW • 13 g Fett • 43 g KH*

8 EL kernige Haferflocken
100 ml Milch (1,5 % Fett)
1 Banane
2 EL geschrotete Leinsamen
4 EL Naturjoghurt (1,5 % Fett)
2 EL Magerquark
150 g gemischte Beeren

Außerdem
20 g Mandeln

So geht's

1 Haferflocken, Leinsamen und Milch in zwei Schraubgläser oder Müsli-to-go-Becher geben. Banane in Stücke schneiden und unterrühren. Die Haferflockenmischung abgedeckt mindestens 2 Stunden, besser über Nacht, kalt stellen.

2 Am nächsten Tag Joghurt und Quark unterrühren und die gemischten Beeren in die Gläser füllen. Mandeln grob mit dem Messer hacken und darüberstreuen.

Hält sich prima 2 bis 3 Tage im Kühlschrank.

VEGETA-
RISCH

ZUM EIN-
FRIEREN

VEGETA-
RISCH

Baked Oatmeal mit Nektarine und Beeren

Für 4 Portionen

Zubereitungszeit: *10 Minuten*

Backzeit: *35–40 Minuten*

Pro Portion: *375 kcal • 15 g EW • 14 g Fett • 44 g KH*

100 g gemischte TK-Beeren
1 kl. Banane
1 Nektarine
25 g Mandeln
25 g gemischte Nüsse (z. B. Hasel- und Walnüsse)
200 g kernige Haferflocken
1 TL Backpulver
½ TL Zimtpulver
1 Prise Salz
400 ml Milch, alternativ Pflanzendrink
1 Ei (Größe L)

Außerdem

1 kl. Auflaufform 21 x 21 cm

So geht's

1 Den Backofen auf 190 °C Ober-/Unterhitze (175 °C Umluft) vorheizen. Eine Auflaufform bereitstellen. Beeren in einem Sieb antauen lassen. Banane in Scheiben schneiden. Nektarine waschen, den Stein entfernen und in Scheiben schneiden. Mandeln und Nüsse mit einem Messer grob hacken.

2 Haferflocken, Backpulver, Zimt und Salz mischen und gleichmäßig in der Auflaufform verteilen. Mit den Bananenscheiben und der Hälfte der Mandel-Nuss-Mischung belegen.

3 Milch und Ei in einer Schüssel verquirlen und anschließend über die Haferflockenmischung gießen. Noch einmal alles gut mit einem Löffel vermengen und mit Nektarine, Beeren und der restlichen Mandel-Nuss-Mischung belegen. 35 bis 40 Minuten im Ofen backen.

4 Das gebackene Müsli aus dem Ofen nehmen und in 4 Portionen teilen.

Variiere deinen Frühstücksauflauf nach Lust und Laune mit Obst und Nüssen deiner Wahl. Das gebackene Frühstücksmüsli hält sich bis zu 5 Tage im Kühlschrank. Alternativ kannst du das Oatmeal in Portionen einfrieren.

VEGETARISCH

Frühstückspudding Cheesecake Style

Für 2 Portionen

Zubereitungszeit: *10 Minuten*

Pro Portion: *336 kcal • 22 g EW • 8 g Fett • 38 g KH*

2 EL Chiasamen
8 EL zarte Haferflocken
200 ml Mandeldrink oder Milch
250 g Magerquark
2 TL Frischkäse (20 % Fett i. Tr.)
1 TL gemahlene Bourbonvanille
150 g gemischte Beeren (z. B. Blaubeeren und Brombeeren), alternativ TK

Außerdem
Minzeblätter optional

So geht's

1 Chiasamen und Haferflocken in die Gläser füllen. Mandeldrink hinzufügen und alles gut verrühren. Quark, Frischkäse und Vanille hinzufügen und alles sorgfältig vermengen.

2 Die Hälfte der Beeren im Mixer oder mit dem Stabmixer glatt pürieren. Fruchtpüree in die Gläser füllen und mit den restlichen Früchten toppen. Die Gläser fest verschließen und bis zum Verzehr gut gekühlt aufbewahren.

Kein Schraubglas oder Ähnliches zur Hand? Du kannst deinen Chiapudding auch einfach in deinen Blender schichten. Den Chiapudding im Kühlschrank aufbewahren und innerhalb von 2 bis 3 Tagen aufbrauchen.

VEGETA-RISCH

Schoko-Protein-Smoothie

Für 2 Portionen

Zubereitungszeit: *10 Minuten*

Pro Portion: *406 kcal • 32 g EW • 13 g Fett • 35 g KH*

1 Banane

250 g Skyr oder Magerquark

2 EL Kakaopulver, schwach entölt

30 g Eiweißpulver, Schokogeschmack

4 EL Haferflocken

2 EL Chiasamen

200 ml ungesüßter Mandeldrink

100 g gemischte Beeren

Für das Topping

20 g ganze Haselnüsse

2 TL Kakao-Nibs

So geht's

1. Banane in Stücke teilen und mit Skyr und den restlichen Zutaten im Mixer cremig pürieren. Den Schoko-Smoothie in zwei Shaker füllen.
2. Haselnüsse mit dem Messer grob hacken und mit den Kakao-Nibs mischen. Den Smoothie kurz vor dem Verzehr mit Haselnüssen und Kakao-Nibs bestreuen.

Den Smoothie im Kühlschrank aufbewahren und innerhalb von 2 bis 3 Tage verzehren.

VEGETA-
RISCH

Overnight Oats mit Erdbeer-Rhabarber-Konfitüre

Für 2 Portionen

Zubereitungszeit: *15 Minuten*

Quellzeit: *ca. 12 Stunden*

Pro Portion: *380 kcal • 15 g EW • 14 g Fett • 44 g KH*

Für die Erdbeer-Rhabarber-Konfitüre

150 g Erdbeeren, alternativ TK

100 g Rhabarber, alternativ TK

50 ml Wasser

1 EL Ahornsirup oder Agavendicksaft

1 TL gemahlene Bourbonvanille

2 EL Chiasamen

Für die Oats

8 EL zarte Haferflocken

200 ml Milch (1,5 % Fett)

4 EL Naturjoghurt (1,5 % Fett)

So geht's

1. Für die Konfitüre Erdbeeren waschen, putzen und halbieren. Rhabarber schälen, waschen und in schmale Stücke schneiden. Früchte in einem Topf mit Wasser, Ahornsirup und Vanille zum Kochen bringen, bis sie weich sind. Topf vom Herd nehmen und die Chiasamen einrühren.
2. Haferflocken, Milch und Joghurt in einer Schüssel verrühren. Erdbeer-Rhabarber-Konfitüre und Haferflockenmischung abwechselnd in zwei Gläser schichten und über Nacht im Kühlschrank quellen lassen.

Hält sich 2 bis 3 Tage im Kühlschrank. Toppe deine Overnight Oats mit Obst oder ungezuckertem Obstmus ganz nach deinem Geschmack. Leichter geht es mit tiefgefrorenen Früchten – einfach die Haferflocken-Milch-Mischung in ein Glas schichten, mit Obst toppen, fest verschließen und ab in den Kühlschrank!

Skyr mit Apfelkompott und Mandelgranola

Für 2 Portionen

Zubereitungszeit: *15 Minuten*

Pro Portion: *390 kcal • 28 g EW • 11 g Fett • 42 g KH*

Für das Apfelkompott

2 kl. säuerliche Äpfel (z. B. Boskoop)
1 EL getrocknete Gojibeeren
½ TL Zimtpulver
50 ml Wasser
500 g Skyr, alternativ Magerquark

Für das Mandelgranola

20 g kernige Haferflocken
20 g gemahlene Mandeln
1 EL Kokosöl, alternativ Rapsöl
1 EL Wasser
1 EL Ahornsirup

So geht's

1. Für das Apfelkompott Äpfel schälen, entkernen, vierteln und in kleine Würfel schneiden. Mit Gojibeeren, Zimt und Wasser aufkochen. Bei mittlerer Hitze 8 bis 10 Minuten einköcheln lassen. Ab und zu umrühren.
2. In der Zwischenzeit Skyr in einer Schüssel glatt rühren und in zwei Vorratsdosen geben.
3. Für das Granola alle Zutaten in eine Tasse füllen und ca. 1 Minute bei hoher Wattleistung in die Mikrowelle geben. Nach 30 Sekunden umrühren. Granola abkühlen lassen und in eine separate kleine Dose füllen. Apfelkompott auf dem Skyr verteilen. Mandelgranola kurz vor dem Verzehr über den Apfelskyr geben.

Mein Skyr hält sich 2 bis 3 Tage im Kühlschrank. Apfelkompott kannst du in größeren Mengen vorbereiten, in saubere Gläser füllen und dann prima aufbewahren. Das Granola hält sich luftdicht verpackt mindestens 1 Woche.

VEGETA-
RISCH

Food Prep: Hirse

1-mal kochen, 3 Tage essen

Hirse zählt zu meinen absoluten Lieblingen. Sie schmeckt nicht nur lecker nussig, sondern lässt sich auch vielseitig verarbeiten. Das glutenfreie Powergetreide gehört zur Familie der Süßgräser und ist eine der ältesten Getreidesorten der Welt. Die kleinen Körner sind reich an Mineralstoffen wie Eisen, Silizium und Magnesium. Silizium stärkt Haare und Fingernägel und trägt zur besseren Elastizität des Bindegewebes bei, denn es hilft der Haut, Feuchtigkeit zu binden. Zudem stecken in Hirse noch nennenswerte Mengen an Vitamin C, E und B-Vitaminen.

Die Prepping-Basis vorbereiten

150 g Hirse mindestens 2 Stunden, am besten über Nacht, in reichlich Wasser einweichen. So wird unerwünschtes Phytin weggespült und die Nährstoffaufnahme verbessert. Am nächsten Morgen die Hirse in einem Sieb abgießen und mit frischem Wasser abspülen. Hirsekörner mit der 2,5-fachen Menge frischem Wasser 10 Minuten bei mittlerer Hitze kochen. Anschließend den Topf vom Herd nehmen und 200 g gekochte Hirse für das Hirse-Porridge (Tag 1) abnehmen. Die restliche Hirse in eine Vorratsdose schichten und mit offenem Deckel abkühlen lassen.

In einer Vorratsdose luftdicht verpackt, hält sich gekochte Hirse mindestens 1 Woche im Kühlschrank. Sie kann alternativ eingefroren werden.

VEGETARISCH

GLUTENFREI

LAKTOSEFREI

Tag 1

Hirse-Tomaten-Omelett

Für 1 Portion

Zubereitungszeit: *10 Minuten*

Pro Portion: *382 kcal • 20 g EW • 15 g Fett • 40 g KH*

100 g Kirschtomaten
1 Frühlingszwiebel
2 Eier
2 EL Wasser
Salz, Pfeffer
1 TL Olivenöl
200 g gekochte Hirse (50 g rohe Hirse)

Außerdem
4 Basilikumblätter oder andere Kräuter nach Belieben

So geht's

1. Tomaten waschen und vierteln. Frühlingszwiebel putzen und in feine Ringe schneiden.
2. Eier mit Wasser in einer Schüssel verquirlen und mit Salz und Pfeffer würzen. Öl in einer beschichteten Pfanne erhitzen. Tomate, Frühlingszwiebel und gekochte Hirse kurz anbraten. Die Eiermasse darübergießen und alles bei mittlerer Hitze stocken lassen. Ab und zu umrühren.
3. Omelett in eine Vorratsdose füllen oder sofort verzehren. Nach Belieben kurz vor dem Verzehr mit den abgebrausten Kräutern bestreuen.

Das Omelett im Kühlschrank aufbewahren und innerhalb von 2 Tagen verzehren.

VEGAN

GLUTENFREI

LAKTOSEFREI

Tag 2

Hirse-Porridge mit Apfel-Zimt-Birnen und Haselnusscrunch

Für 1 Portion

Zubereitungszeit: *15 Minuten*

Pro Portion: *404 kcal • 21 g EW • 10 g Fett • 54 g KH*

200 g gekochte Hirse (50 g rohe Hirse)

50 g ungesüßter Sojajoghurt, alternativ Naturjoghurt (1,5 % Fett)

15 g veganes Eiweißpulver, Vanillegeschmack

Für die Apfel-Zimt-Birnen

½ kl. Apfel

½ kl. Birne

2 EL Wasser

¼ TL Zimtpulver

Außerdem

10 g Haselnüsse

So geht's

1. Hirse mit Joghurt und Eiweißpulver verrühren und in einen Meal-Prep-Behälter mit mehreren Fächern füllen.
2. Apfel und Birne schälen, entkernen und in Würfel schneiden. Obst mit Wasser in einem Topf zum Kochen bringen. Mit Zimt bestreuen und bei mittlerer Hitze 5 Minuten köcheln lassen.
3. Haselnüsse mit dem Messer grob hacken und in einer Pfanne ohne Fett rösten, bis sie duften. Haselnusscrunch und Apfel-Zimt-Birnen in die Box füllen.

Das Hirse-Porridge solltest du innerhalb von 2 bis 3 Tagen verbrauchen. Du kannst auch einfach TK-Früchte oder anderes Obst deiner Wahl zum Porridge essen.

VEGETARISCH

GLUTENFREI

Tag 3

Hirse mit Beerenjoghurt und Cashews

Für 1 Portion

Zubereitungszeit: *5 Minuten*

Pro Portion: *416 kcal • 22 g EW • 11 g Fett • 54 g KH*

200 g gekochte Hirse (50 g ungekochte Hirse)
2 EL ungesüßter Mandeldrink
150 g gemischte Beeren (z. B. Erdbeeren und Himbeeren)
150 g griechischer Joghurt (0,2 % Fett)
20 g Cashewkerne

So geht's

Hirse und Mandeldrink in einem Schraubglas verrühren. Beeren waschen und verlesen und 100 g Früchte mit dem griechischen Joghurt pürieren. Beerenjoghurt in das Glas geben und mit den restlichen Früchten und Cashewkernen belegen.

Hirse-Joghurt hält sich 2 bis 3 Tage im Kühlschrank.

VEGETARISCH

ZUM EINFRIEREN

Frühstückswraps

Für 4 Portionen (8–10 Wraps)

***Zubereitungszeit:** 20 Minuten*

***Pro Stück:** 74 kcal · 4 g EW · 2 g Fett · 10 g KH*

170 ml Milch, alternativ Pflanzendrink
2 Eier (Größe M)
100 g Buchweizenmehl
1 TL Backpulver
1 EL TK-Kräuter (z. B. Petersilie, Schnittlauch)
1 Msp. Salz

Außerdem

Kokosöl zum Braten

So geht's

1. Milch und Eier in einer Schüssel verrühren. Mehl, Backpulver, Kräuter und Salz in einer separaten Schüssel vermengen und nach und nach unter die Milch-Eier-Mischung rühren. Alles zu einem glatten Teig verarbeiten.
2. Eine beschichtete Pfanne mit wenig Kokosöl benetzen und den Teig portionsweise in die Pfanne geben. Den Teig nacheinander von beiden Seiten bei mittlerer Hitze goldbraun ausbacken. Dabei immer wieder etwas Kokosöl in die Pfanne geben. Die Wraps abkühlen lassen und nach Geschmack belegen und einrollen.

Ist dir der Teig zu fest und nicht fluffig genug? Einfach die Eier trennen und das Eiweiß mit 1 Prise Salz steif schlagen. Den Eischnee zum Schluss vorsichtig mit einem großen Löffel unter den Teig heben.
Wickle die Wraps in Frischhaltefolie ein und bewahre sie im Kühlschrank auf. Gut gekühlt, halten sie sich 1 Woche. Alternativ kannst du die gebackenen Wraps auch portionsweise einfrieren.

Stelle dir deinen Lieblingswrap selbst zusammen

1. **Die Grundlage:** Wähle frischen Blattsalat wie zum Beispiel Romana- oder Eisbergsalat, Rucola oder Blattspinat.
2. **Die Gemüseeinlage:** Nimm hier, was dir schmeckt, zum Beispiel gewürfelte Tomaten, Paprikastreifen, Zucchini-, Gurken- oder Möhrenraspel.
3. **Die Haupteinlage:** Hier bieten sich Kochschinken, gebratene Hähnchen- oder Putenbruststreifen, Thunfisch, geräucherter Fisch, Falafel, Tofu, Mozzarella oder Feta an.
4. **Die Soße:** Wähle einen Dip bzw. eine Soße, zum Beispiel Joghurt mit Kräutern, Hummus, Pesto oder ein Honig-Senf-Öl-Dressing.
5. **Die Extras:** Zum Schluss kommen noch Zutaten wie frische gehackte Kräuter, Kresse, Sprossen, hart gekochte Eier, Avocadowürfel oder geröstete Zwiebeln hinzu.

VEGAN

LAKTOSE-FREI

60-Sekunden-Frühstück für Langschläfer – Meal-Prep-Smoothie-Bags

So geht's

1 Blattsalat, Obst und Gemüse gründlich waschen und in grobe Stücke schneiden. Dann portionsweise in Gefrierbeutel füllen, nach Belieben noch Haferflocken hinzufügen und einfrieren.

2 Am Morgen einfach den Beutelinhalt zusammen mit einer Flüssigkeit deiner Wahl in den Mixer geben und auf hoher Stufe zu einem cremigen Smoothie pürieren. Für den extra Proteinkick gib noch Eiweißpulver in deinen Smoothie. Fülle deinen Smoothie in einen Blender oder ein Schraubglas – und fertig ist dein Frühstück!

Mein Tipp

Du hast kein Gefrierfach? Kein Problem. Deine fertigen Smoothie-Mischungen halten sich 2 bis 3 Tage im Kühlschrank. Frische Blattsalate, Obst und Gemüse dann erst kurz vor dem Verzehr waschen.

Gelbe Smoothie-Mischung

Für 4 Smoothie-Bags

Vorbereitungszeit: *10 Minuten*

Zubereitungszeit: *2 Minuten*

Pro Portion: *170 kcal • 4 g EW • 2 g Fett • 31 g KH*

4 Handvoll Blattsalat (z. B. Romanasalat)

1 Ananas

1 Mango

1 kl. Stück Ingwer

80 g zarte Haferflocken

Rote Smoothie-Bag

Für 4 Smoothie-Bags

Vorbereitungszeit: *10 Minuten*

Zubereitungszeit: *2 Minuten*

Pro Portion: *173 kcal • 5 g EW • 2 g Fett • 28 g KH*

4 Handvoll Blattsalat

250 g Himbeeren

250 g Erdbeeren

2 Bananen

80 g zarte Haferflocken

Grüne Power-Bag

Für 4 Smoothie-Bags

Vorbereitungszeit: *10 Minuten*

Zubereitungszeit: *2 Minuten*

Pro Portion: *224 kcal • 5 g EW • 2 g Fett • 43 g KH*

4 Handvoll Blattspinat

1 Ananas

2 grüne Äpfel

2 Bananen

80 g zarte Haferflocken

Die Lösung für alle Langschläfer: Meal-Prep-Smoothies! Die bereitest du ganz entspannt am Wochenende vor und hast dann immer ein Frühstück für den Notfall parat. Du kannst fast alle Zutaten einfrieren, die dir gut schmecken. Verwende reife, saisonale Früchte und achte auf eine gute Qualität.

Lunchbox

Kein Imbiss, keine Kantine: Mit meinen Rezepten für schnelle und schlanke Hauptgerichte preppst du dich mit Genuss fit. Einmal vorbereiten und am nächsten Morgen heißt es dann: Lunchbox schnappen – und los! Auf dich warten knackige Schichtsalate im Glas, cremige Currys, meine legendäre Tassenpizza oder »Ready to eat«-Suppen. Natürlich eignet sich jede Mahlzeit auch als Dinner, wenn du nach einem langen Tag ein sättigendes Supermeal brauchst. Ich zeige dir, wie ein cleaner Lifestyle schmeckt.

VEGETARISCH

GLUTENFREI

Orientalischer Schüttelsalat

Für 2 Portionen

Zubereitungszeit: *15 Minuten*

Pro Portion: *379 kcal • 23 g EW • 17 g Fett • 31 g KH*

1 Dose Kichererbsen (Abtropfgewicht 265 g)
3 Möhren (150 g)
100 g Schafskäse (9 % Fett absolut)
½ Bund glatte Petersilie

Für das Dressing
Saft von ½ Orange
½ TL gemahlener Kreuzkümmel
½ TL Paprikapulver
Salz, bunter Pfeffer aus der Mühle
1 Knoblauchzehe
1 ½ EL Olivenöl

So geht's

1 Kichererbsen in ein Sieb geben, mit kaltem Wasser abspülen und abtropfen lassen. Möhren schälen und in Scheiben schneiden oder alternativ mit einer Gemüsereibe fein raspeln. Schafskäse würfeln, Petersilie abbrausen, trocken schütteln und fein hacken.

2 Für das Dressing Orangensaft und Gewürze in einer Schüssel verrühren. Knoblauchzehe schälen und dazupressen. Zum Schluss das Olivenöl unterschlagen. Das Salatdressing auf zwei Shaker oder alternativ Schraubgläser verteilen. Kichererbsen und Möhren in die Shaker füllen. Den Schafskäse daraufgeben und mit der Petersilie toppen. Den Salat erst kurz vor dem Verzehr kräftig schütteln.

Luftdicht verpackt hält sich dein Salat 2 Tage im Kühlschrank.

GLUTEN-FREI

Thunfisch-Gartensalat mit Honig-Senf-Dressing

Für 2 Portionen

Zubereitungszeit: *20 Minuten*

Pro Portion: *367 kcal • 31 g EW • 19 g Fett • 15 g KH*

1 Dose Thunfisch im eigenen Saft (Abtropfgewicht 150 g)
1 rote Paprikaschote
½ Salatgurke
200 g Tomaten
2 hart gekochte Eier
2 Handvoll Feldsalat
2 EL TK-Petersilie
20 g gemischte Kerne (z. B. Kürbis- und Sonnenblumenkerne)

Für das Honig-Senf-Dressing
2 EL Olivenöl
1 TL Honig
½ TL scharfer Senf
¼ TL Paprikapulver
Salz, bunter Pfeffer aus der Mühle

So geht's

1 Thunfisch in einem Sieb abtropfen lassen und anschließend in die Gläser füllen. Paprika und Gurke waschen, putzen, klein schneiden und auf die Gläser verteilen. Tomaten waschen, vom Strunk befreien, vierteln und in die Gläser füllen.

2 Eier pellen, in Scheiben schneiden und darauflegen. Feldsalat waschen, trocken schütteln und mit der Petersilie und den gemischten Kernen in die Gläser füllen. Die Gläser fest verschließen und bis zum Verzehr kühl aufbewahren.

3 Alle Zutaten für das Dressing in einer Schüssel verrühren und anschließend in ein separates kleines Gefäß füllen. Dressing im Kühlschrank aufbewahren und erst kurz vor dem Verzehr über den Salat geben.

Dein Salat hält sich 2 bis 3 Tage im Kühlschrank. Das Honig-Senf-Dressing passt auch zu gebratenem Puten- oder Hähnchenbrustfleisch. Verbrauche das Dressing bitte innerhalb von 4 bis 5 Tagen.

Bunt gemischter Bohnensalat

Für 2 Portionen

Zubereitungszeit: *20 Minuten*

Pro Portion: *405 kcal • 16 g EW • 16 g Fett • 40 g KH*

360 g gemischte Bohnen (z. B. Kichererbsen, Weiße Bohnen, Kidneybohnen (Dose)
70 g Mais (Dose)
125 g Tomaten
2 Frühlingszwiebeln
½ Bund Radieschen
½ Avocado
Saft von ¼ Zitrone

Für das Dressing
2 EL Weißweinessig
1 ½ EL Olivenöl
½ TL Agavendicksaft
1 Spritzer Tabasco nach Belieben
1 Msp. gemahlener Kreuzkümmel
Salz, Pfeffer

So geht's

1 Bohnenmix und Mais in ein Sieb geben, mit kaltem Wasser abspülen und abtropfen lassen. Tomaten waschen, vom Strunk befreien und vierteln. Frühlingszwiebeln putzen und in Ringe schneiden. Radieschen waschen und klein schneiden. Fruchtfleisch der Avocado in Würfel schneiden und mit Zitronensaft beträufeln.

2 Alle Zutaten für das Dressing mischen und auf zwei Schraubgläser verteilen. Bohnen und Mais in die Gläser schichten, dann das restliche Gemüse hineinfüllen und die Gläser fest verschließen.

Dein Bohnensalat hält sich 2 bis 3 Tage im Kühlschrank.

VEGAN

GLUTEN-FREI

LAKTOSE-FREI

GLUTEN-FREI

MIT KH-BEILAGE

Fitness-Kartoffelsalat mit Lachs und Gurke

Für 2 Portionen

***Zubereitungszeit:** 25 Minuten*

***Pro Portion:** 487 kcal • 40 g EW • 21 g Fett • 32 g KH*

300 g Kartoffeln
½ Salatgurke
2 EL Weißweinessig
2 TL TK-Dill
100 g Magerquark
50 g Naturjoghurt (1,5 % Fett)
Saft von ½ Zitrone
1 Knoblauchzehe
Salz, Pfeffer
250 g Stremellachs, alternativ geräucherter Lachs
½ Beet Kresse

So geht's

1. Kartoffeln schälen, vierteln und in leicht gesalzenem Wasser in ca. 15 Minuten bissfest kochen. Anschließend abgießen und etwas abkühlen lassen.
2. In der Zwischenzeit die Gurke schälen und fein raspeln. Essig, 1 TL Dill, Salz und Pfeffer hinzufügen und alles gut vermengen. Gurkenraspel in die Schraubgläser füllen. Quark und Joghurt in einer Schüssel cremig rühren. Zitronensaft und restlichen Dill unterrühren. Knoblauchzehe schälen, dazupressen und mit Salz und Pfeffer abschmecken. Den Dill-Quark auf die Gläser verteilen und die Kartoffelwürfel darübergeben.
3. Lachs in kleine Stücke schneiden und in die Gläser geben. Mit Kresse bestreuen und die Gläser fest verschließen.

Bewahre deinen Salat im Kühlschrank auf und verzehre ihn innerhalb von 2 Tagen.

Putenbrust-Caprese mit Zoodles

Für 2 Portionen

Zubereitungszeit: *15 Minuten*

Pro Portion: *415 kcal • 33 g EW • 25 g Fett • 13 g KH*

2 Zucchini (ca. 500 g)
200 g Kirschtomaten
125 g Mini-Mozzarellakugeln
150 g gebratenes Putenbrustfilet (z. B. aus dem Kühlregal)
2 Handvoll Rucola
20 g Pinienkerne

Für das Dressing
3 EL dunkler Balsamicoessig
3 EL Kürbiskernöl
Salz, Pfeffer
6 Basilikumblätter

So geht's

1 Zucchini waschen, putzen und mit einem Spiralschneider in feine »Spaghetti« schneiden. Kirschtomaten waschen und vierteln. Beides in die Schraubgläser geben. Mozzarellakugeln halbieren und in die Gläser füllen. Putenbrustfilet in Streifen schneiden und ebenfalls in die Gläser geben. Rucola abbrausen und trocken schütteln. Den Salat mit Rucola und Pinienkernen toppen und die Gläser fest verschließen. Bis zum Verzehr im Kühlschrank aufbewahren.

2 Für das Dressing Balsamicoessig, Kürbiskernöl, Salz und Pfeffer in einer Schüssel verrühren. Basilikumblätter abbrausen, trocken schütteln, fein hacken und unterrühren. Dressing in ein separates Gefäß füllen und erst kurz vor dem Verzehr über den Salat geben.

Bewahre deinen Salat im Kühlschrank auf und verzehre ihn innerhalb von 2 Tagen.

GLUTEN-FREI

VEGAN

MIT KH-BEILAGE

Asia-Nudelsalat-Box mit Tofu

Für 2 Portionen

Zubereitungszeit: *25 Minuten*

Pro Portion: *491 kcal • 22 g EW • 18 g Fett • 55 g KH*

100 g Reisnudeln, alternativ Glasnudeln
200 g Tofu
2 TL Sojasoße
2 Möhren (ca. 100 g)
1 rote Paprikaschote
2 Frühlingszwiebeln
1 TL Kokosöl

Für das Dressing
Saft von 1 Limette
1 TL Erdnussmus
2 EL Sojasoße
1 TL rote Currypaste
1 TL fein geriebener Ingwer nach Belieben
bunter Pfeffer aus der Mühle

Außerdem
2 EL geröstete Erdnüsse

So geht's

1. Reisnudeln nach Packungsanweisung mit kochendem Wasser übergießen und quellen lassen. Dann in ein Sieb abgießen, kalt abschrecken und abtropfen lassen.
2. Tofu in ca. 1 cm große Würfel schneiden und mit der Sojasoße marinieren. In der Zwischenzeit Möhren schälen, Paprika waschen und putzen. Beides in schräge Streifen schneiden. Frühlingszwiebeln putzen und in feine Ringe schneiden.
3. Tofu aus der Marinade nehmen und mit Küchenpapier trocken tupfen. Kokosöl in einer Pfanne erhitzen und die Tofuwürfel darin bei mittlerer Hitze rundherum goldbraun anbraten.
4. Reisnudeln, Gemüse und Tofu in die Vorratsdosen füllen. Für das Dressing den Limettensaft mit den restlichen Zutaten in einer Schüssel glatt rühren. In einen kleinen Behälter füllen und bis zum Verzehr kühl aufbewahren. Die gerösteten Erdnüsse erst kurz vor dem Verzehr über den Salat geben.

Luftdicht verpackt hält sich dein Salat bis zu 3 Tage im Kühlschrank. Für Nichtveganer schmeckt er auch prima mit Rindfleisch oder Hähnchenbrustfilet.

VEGETARISCH

GLUTENFREI

ZUM EINFRIEREN

Mediterrane Pizza mit Amarantboden

Für 2 Portionen (1 rundes Pizzablech)

Zubereitungszeit: *15 Minuten*

Backzeit: *35–45 Minuten*

Pro Portion (½ Blech): 468 kcal • 24 g EW • 11 g Fett • 59 g KH

Für den Pizzateig

150 g Amarant
190 ml Wasser
½ TL getrockneter Oregano
¼ TL Salz

Für die Tomatensoße

100 ml passierte Tomaten (Dose)
1–2 Knoblauchzehen
½ rote Zwiebel
1–2 EL italienische TK-Kräutermischung
½ TL Birkenzucker (Xylit)

Für den Belag

1 kl. Zucchini (250 g)
2 Tomaten
1 gelbe Paprikaschote
½ rote Zwiebel
20 g Oliven
125 g Mozzarella (30 % Fett i. Tr.)
Salz, bunter Pfeffer aus der Mühle

Außerdem

1 rundes Pizzablech (ø 24 cm)
Öl für das Blech

So geht's

1. Den Backofen auf 200 °C Ober-/Unterhitze (180 °C Umluft) vorheizen. Für den Teig Amarant mit heißem Wasser abspülen. Amarant, Wasser, Oregano und Salz im Hochleistungsmixer oder in der Küchenmaschine pürieren.
2. Für die Tomatensoße alle Zutaten mischen. Ein rundes Pizzablech mit etwas Öl bepinseln. Den Teig auf dem Blech verteilen und mit der Soße bestreichen. 15 Minuten im heißen Ofen vorbacken.
3. In der Zwischenzeit das Gemüse für den Belag waschen und putzen, Zwiebel schälen. Zucchini und Tomaten in Scheiben, Paprika in Streifen, Zwiebel in Ringe schneiden und Oliven halbieren. Mozzarella in Scheiben schneiden.
4. Pizzateig aus dem Ofen holen und mit Gemüse und Mozzarella belegen, mit Salz und Pfeffer würzen. Weitere 20 bis 30 Minuten im Ofen backen. Pizza aus dem Ofen holen, abkühlen lassen, in 2 Portionen schneiden und in Vorratsdosen verstauen. Bis zum Verzehr im Kühlschrank aufbewahren.

Die gebackene Pizza kannst du auch portionsweise einfrieren. So ist sie mehrere Monate haltbar. Im Kühlschrank hält sie sich 3 bis 5 Tage.

VEGAN

GLUTEN-FREI

LAKTOSE-FREI

Frühling im Glas mit Spinat und Grapefruit

Für 2 Portionen

***Zubereitungszeit:** 20 Minuten*

***Pro Portion:** 442 kcal • 13 g EW • 20 g Fett • 44 g KH*

1 Dose Kichererbsen (Abtropfgewicht 265 g)
1 rote Zwiebel
1 Avocado
1 gelbe Paprikaschote
1 rosa Grapefruit
2 Handvoll Blattspinat

Für das Dressing
2 EL Olivenöl
2 EL Weißweinessig
1 TL grobkörniger Senf
1 TL Agavendicksaft
2 EL TK-Petersilie
Salz, bunter Pfeffer aus der Mühle

So geht's

1 Kichererbsen mit kaltem Wasser abspülen und in einem Sieb abtropfen lassen. Zwiebel schälen und in Ringe schneiden. Avocado halbieren, den Kern entfernen und das Fruchtfleisch klein schneiden. Paprika waschen, putzen und in Würfel schneiden. Grapefruit schälen und ebenfalls in Stücke schneiden. Blattspinat abbrausen und trocken schütteln.

2 Alle Zutaten für das Dressing verrühren und in die Gläser füllen. Erst den Blattspinat und die Grapefruit, danach das restliche Gemüse hinzugeben. Zum Schluss die Kichererbsen in die Gläser schichten. Gläser verschließen und in den Kühlschrank stellen. Kurz vor dem Verzehr das Glas kräftig schütteln und den Salat auf einen großen Teller stürzen.

Dein Salat hält sich im Kühlschrank 2 bis 3 Tage.

Asiasuppe aus dem Glas

Für 2 Portionen

***Vorbereitungszeit:** 15 Minuten*
***Zubereitungszeit:** 5 Minuten*
***Pro Portion:** 433 kcal • 26 g EW • 15 g Fett • 45 g KH*

2 kl. Möhren (ca. 100 g)
1 Zucchini (ca. 250 g)
2 Frühlingszwiebeln
100 g Nudeln (z. B. Mie-Nudeln)
150 g geräucherter Tofu
100 g TK-Erbsen

Für die Gewürzsoße
2 TL dunkle Misopaste
1 Knoblauchzehe
bunter Pfeffer aus der Mühle
2 TL Sesamöl

Außerdem
800 ml kochendes Wasser
2 EL gehackter Koriander oder gehackte Petersilie nach Belieben

So geht's

1 Möhren schälen und in feine Stifte oder Würfel schneiden. Zucchini waschen, putzen und ebenfalls klein schneiden. Frühlingszwiebel putzen und in feine Ringe schneiden. Nudeln mit den Händen etwas zerbrechen und Tofu in ca. 1 cm große Würfel schneiden.

2 Misopaste auf die Gläser verteilen. Knoblauchzehe schälen und dazupressen. Pfeffer und Sesamöl in die Gläser geben und alles kurz verrühren.

3 Möhren- und Zucchinistücke mit den Erbsen auf die Gläser verteilen. Nudeln daraufschichten, Frühlingszwiebel und Tofu darübergeben. Die Gläser fest verschließen und in den Kühlschrank stellen.

4 Kurz vor dem Verzehr je 400 ml sprudelnd kochendes Wasser darübergießen, bis die Nudeln knapp bedeckt sind. Die Gläser verschließen und 5 Minuten ziehen lassen. Umrühren und nach Geschmack noch gehackte Kräuter darüberstreuen. Fertig ist deine schnelle Nudelsuppe!

Deine Instantnudelsuppe hält sich bis zu 3 Tage im Kühlschrank. Das Schraubglas sollte möglichst aus hitzebeständigem Kunststoff sein, denn dieser speichert weniger Wärme als Glas. Variiere deine Instantsuppe ganz nach Geschmack. Vorgegartes Fleisch, verzehrfertige Garnelen oder Reste vom Braten machen sich ebenfalls prima als Suppeneinlage.

VEGAN

LAKTOSE-FREI

MIT KH-BEILAGE

VEGAN

LAKTOSE-FREI

MIT KH-BEILAGE

ZUM EIN-FRIEREN

Vitalo-Minestrone to go

Für 2 Portionen

Zubereitungszeit: *25 Minuten*

Pro Portion: *428 kcal • 23 g EW • 8 g Fett • 58 g KH*

1 Zwiebel
1 Knoblauchzehe
600 g gemischtes Gemüse (z. B. Möhren, Fenchel, Sellerie)
1 EL Olivenöl
700 ml vegane Gemüsebrühe
2 TL getrocknete italienische Kräuter
½ Dose weiße Bohnen (Abtropfgewicht 250 g)
150 g Tomaten
Salz, Pfeffer

Außerdem
100 g Nudeln
¼ Bund Basilikum

So geht's

1 Zwiebel und Knoblauchzehe schälen und fein würfeln. Gemüse waschen, putzen und in Würfel schneiden. Olivenöl in einem Topf erhitzen. Zwiebel und Knoblauch anbraten. Gemüse hinzufügen und kurz anbraten. Mit Gemüsebrühe ablöschen, die getrockneten Kräuter hinzufügen und alles 10 Minuten bei mittlerer Hitze kochen.

2 Bohnen abgießen, mit kaltem Wasser abspülen, abtropfen lassen und zur Suppe geben. Tomaten waschen, vom Strunk befreien, würfeln und hinzufügen. Suppe weitere 5 Minuten kochen, mit Salz und Pfeffer abschmecken, in Schraubgläser füllen und bis zum Verzehr im Kühlschrank aufbewahren.

3 Nudeln nach Packungsanweisung in leicht gesalzenem Wasser kochen, Basilikum abbrausen, trocken schütteln und fein hacken. Nudeln und Kräuter separat verpacken, mitnehmen und kurz vor dem Verzehr in die Suppe geben.

Minestrone (ohne Nudeln und Kräuter) kannst du problemlos in eine Vorratsdose füllen und einfrieren. Die Suppe hält sich 3 bis 4 Tage im Kühlschrank. Wähle Gemüse ganz nach deinem Geschmack und nach saisonalem Angebot aus. Im Herbst und Winter passen Möhren, Rote Bete, Pastinaken und Grünkohl und im Sommer schmecken Zucchini, reife Tomaten, grüne Bohnen und Frühlingszwiebeln sehr lecker.

Wochenmarkt-Frittata

Für 2 Portionen

Zubereitungszeit: *5 Minuten*

Backzeit: *10–12 Minuten*

Pro Portion: *337 kcal • 27 g EW • 21 g Fett • 8 g KH*

150 g grüner Spargel
150 g Champignons
½ Zucchini (ca. 150 g)
50 g Kirschtomaten
2 Frühlingszwiebeln
6 Eier
4 EL Milch
¼ TL Paprikapulver, geräuchert
Salz, bunter Pfeffer aus der Mühle

Außerdem
2 runde Silikonformen (ø 26 cm)
2 TL Leinöl

So geht's

1 Den Backofen auf 180 °C Ober-/Unterhitze (160 °C Umluft) vorheizen. Zwei Silikonformen bereitstellen.

2 Spargel waschen und halbieren, dabei die Enden abschneiden. Champignons putzen und in Scheiben schneiden. Zucchini waschen, putzen und ebenfalls klein schneiden. Tomaten waschen und halbieren. Frühlingszwiebeln putzen und in feine Ringe schneiden. Gemüse auf die beiden Silikonformen verteilen.

3 Eier mit Milch verquirlen, würzen, über das Gemüse gießen und 10 bis 12 Minuten im heißen Ofen backen.

4 Frittata aus dem Ofen holen, abkühlen lassen und mit Leinöl beträufeln – fertig.

Deine Frittata hält sich bis zu 3 Tage im Kühlschrank. Sie schmeckt kalt ebenso wie aufgewärmt. Wähle die Füllung nach deinem Geschmack und saisonalem Angebot aus. Mediterran wird es mit Oliven, Tomaten, Zucchini und Mozzarella. Sehr lecker ist auch eine Kombination aus gemischten Pilzen, Schinken und Kräutern.

Schneller Gemüse-Bratreis

Für 2 Portionen

Zubereitungszeit: *20 Minuten*

Pro Portion: *400 kcal • 19 g EW • 11 g Fett • 51 g KH*

500 g gemischtes Gemüse (z. B. TK-Erbsen, Zucchini, Möhren, Paprika)
1 Gemüsezwiebel, alternativ 2 Frühlingszwiebeln
1 EL Kokosöl oder Pflanzenöl deiner Wahl
Salz, bunter Pfeffer aus der Mühle
Currypulver
Paprikapulver
300 g gekochter Reis (100 g roher Reis)
2 Eier
4 EL Sojasoße nach Belieben
2 EL TK-Petersilie

So geht's

1 Gemüse waschen, putzen und in mundgerechte Stücke schneiden. TK-Gemüse nach Packungsanweisung zubereiten. Zwiebel schälen und in feine Würfel schneiden.

2 Kokosöl in der Pfanne erhitzen. Gemüse und Zwiebel in die Pfanne geben und 5 Minuten bei mittlerer Hitze anbraten. Mit Salz, Pfeffer, Curry- und Paprikapulver würzen.

3 Den gekochten Reis in die Pfanne geben und alles gut miteinander vermengen. Die Eier in ein hohes Rührgefäß schlagen, verquirlen, würzen und in die Pfanne gießen. Alles miteinander verrühren und bei mittlerer Hitze stocken lassen. Die Reis-Gemüse-Pfanne nach Belieben mit Sojasoße und Petersilie abschmecken.

4 In Vorratsdosen füllen, abkühlen lassen und die Dosen anschließend fest verschließen.

Das Gericht hält sich bis zu 3 Tage im Kühlschrank. Tausche das Gemüse ganz nach Geschmack aus bzw. nach dem, was dein Kühlschrank so hergibt. Ich verwende oft TK-Brokkoli, Paprika, Möhren, Pilze und Stangensellerie für meine Gemüsepfanne. Alternativ zum Reis kannst du auch gekochte Hirse, Quinoa oder Kartoffeln mit Gemüse mischen.

VEGETA-RISCH

ZUM EIN-FRIEREN

Leichte Mittelmeerquiche

Für 4 Portionen

Zubereitungszeit: *15 Minuten*

Backzeit: *35–45 Minuten*

Pro Portion: *337 kcal • 17 g EW • 16 g Fett • 31 g KH*

Für den Teig

100 g Magerquark
3 EL Olivenöl
150 g zarte Haferflocken
1 TL Backpulver
1 Prise Salz

Für die Füllung

1 kl. Zucchini (250 g)
1 gelbe Paprikaschote
2 Frühlingszwiebeln
2 Tomaten
25 g Oliven
100 g geriebener Mozzarella
2 Eier
150 ml Milch
Salz, Pfeffer
Muskatpulver
Chilipulver

Außerdem

1 Tarteform (ø 26 cm)
Öl für die Form

So geht's

1. Den Backofen auf 180 °C Ober-/Unterhitze vorheizen. Quark und Öl in einer Schüssel cremig rühren. Haferflocken im Standmixer zu Hafermehl vermahlen und zum Quark geben. Backpulver und Salz hinzufügen und alles zu einem glatten Teig verkneten.
2. Eine Tarteform mit etwas Öl auspinseln. Den Teig in die Form geben und mit den Fingern auf den Boden der Form drücken, dabei einen kleinen Rand hochziehen. Am besten klappt das mit leicht bemehlten oder feuchten Händen. Den Teig mehrmals mit einer Gabel einstechen und 10 Minuten im heißen Ofen vorbacken.
3. In der Zwischenzeit Zucchini und Paprika waschen, putzen und klein schneiden. Frühlingszwiebeln putzen, Tomaten waschen und vom Strunk befreien, beides klein schneiden. Eier und Milch verquirlen. Mozzarella hinzufügen und mit Salz, Pfeffer, Muskat und Chili würzen.
4. Den Teig aus dem Ofen holen und mit dem Gemüse belegen. Die Eier-Milch-Mischung darübergießen und die Quiche weitere 30 bis 35 Minuten im Ofen backen. Aus dem Ofen holen, abkühlen lassen und anschließend in 4 Stücke schneiden.

Deine Quiche hält sich, gut gekühlt, bis zu 4 Tage. Alternativ kannst du sie portionsweise einfrieren. Belege sie ganz nach deinem Geschmack oder schau, was dein Kühlschrank so hergibt.

VEGETARISCH

GLUTENFREI

Schlankes Joghurt-Zitronen-Dressing

Für 4 Portionen

Zubereitungszeit: *5 Minuten*

Pro Portion: *70 kcal • 2 g EW • 5 g Fett • 4 g KH*

150 g Naturjoghurt (1,5 % Fett)
2 EL frisch gepresster Zitronensaft
2 EL Rapsöl
½ TL Honig
Salz, Pfeffer
½ Beet Kresse

So geht's

Joghurt mit Zitronensaft, Rapsöl und Honig glatt rühren. Mit Salz und Pfeffer würzen und zum Schluss die Kresse unterrühren. Dressing in ein sauberes Glas füllen, fest verschließen und kühl stellen.

Die Salatsoße ist bis zu 5 Tage im Kühlschrank haltbar. Sie passt super zu knackigen Salaten (z. B. Romana oder Chicorée), Hähnchenbrust und Thunfisch.

Allround-Fitness-Vinaigrette

Für 4 Portionen

Zubereitungszeit: *5 Minuten*

Pro Portion: *152 kcal • 0,2 g EW • 15 g Fett • 4 g KH*

2 Frühlingszwiebeln
4 EL heller Balsamicoessig
2 TL scharfer Senf
1 TL getrockneter Oregano
Salz, Pfeffer
6 EL Kürbiskern- oder Olivenöl

So geht's

Frühlingszwiebeln putzen und in feine Ringe schneiden. Essig, Senf, Oregano, Salz und Pfeffer in einer Schüssel verrühren. Öl nach und nach mit einem Schneebesen unterschlagen, bis die Vinaigrette schön cremig wird. Vinaigrette in ein Schraubglas füllen, fest verschließen und kühl aufbewahren.

Die Vinaigrette hält sich ca. 1 Woche im Kühlschrank. Sie ist ein Klassiker und passt zu fast allen Salaten.

GLUTENFREI

Hüttenkäse-Thunfisch-Dip

Für 4 Portionen

Zubereitungszeit: *10 Minuten*

Pro Portion: *92 kcal • 15 g EW • 3 g Fett • 2 g KH*

200 g körniger Frischkäse (Halbfettstufe)
1 Dose Thunfisch im eigenen Saft (Abtropfgewicht 140 g)
2 Frühlingszwiebeln
Salz, Pfeffer
Knoblauchpulver optional
getrocknete rote Zwiebelstückchen optional

So geht's

Frischkäse in einer Schüssel glatt rühren. Thunfisch abgießen und unter den Frischkäse rühren. Frühlingszwiebeln putzen und in feine Ringe schneiden, unterrühren und alles mit Salz, Pfeffer und Gewürzen nach Belieben abschmecken. Den Dip in eine Vorratsdose füllen und im Kühlschrank aufbewahren.

Dein Hüttenkäse-Thunfisch-Dip hält sich 2 bis 3 Tage im Kühlschrank. Er schmeckt auf frischem Brot, mit Reiswaffeln oder zu Gemüsesticks.

VEGAN

GLUTEN-FREI

LAKTOSE-FREI

ZUM EIN-FRIEREN

Expresstomatensoße

Für 4 Portionen

***Zubereitungszeit:** 8 Minuten*

***Pro Portion:** 81 kcal • 3 g EW • 3 g Fett • 10 g KH*

1 Gemüsezwiebel
2 Knoblauchzehen
1 Handvoll Basilikum
1 EL Olivenöl
800 g stückige Tomaten (Dose), alternativ 1,5 kg frische Tomaten
1–2 TL getrockneter Oregano
Salz, bunter Pfeffer aus der Mühle
Chilipulver oder scharfes Paprikapulver nach Belieben
1 TL Birkenzucker (Xylit)

So geht's

1 Zwiebel und Knoblauchzehen schälen und fein hacken. Basilikumblätter abzupfen, abbrausen und in einem Sieb abtropfen lassen. Olivenöl in einer Pfanne oder in einem kleinen Topf erhitzen und die Zwiebel- und Knoblauchwürfel darin anbraten. Dann mit den stückigen Tomaten, Basilikumblättern und Oregano im Standmixer pürieren. Werden frische Tomaten verwendet, diese vor dem Pürieren waschen, vom Strunk befreien und vierteln.

2 Mit Salz, Pfeffer, nach Belieben Chili- oder Paprikapulver und etwas Birkenzucker abschmecken. Tomatensoße in ein sauberes Schraubglas füllen und im Kühlschrank aufbewahren.

Die Tomatensoße innerhalb von 2 bis 3 Tagen verbrauchen. Sie lässt sich auch prima einfrieren – einfach vorher portionsweise in Eiswürfel- oder Muffinformen füllen. So hält sich die Soße bis zu 3 Monate. Übrigens: Die Expresstomatensoße eignet sich auch als Pizzasoße.

VEGETARISCH

ZUM EINFRIEREN

Gemüsesoße »Geheimwaffe«

Für 4 Portionen

Zubereitungszeit: *40 Minuten*

Pro Portion: *50 kcal • 1 g EW • 3 g Fett • 5 g KH*

1 Möhre (ca. 50 g)
1 Gemüsezwiebel
¼ Knollensellerie
½ Paprikaschote
1 EL Olivenöl
1–2 EL Tomatenmark
½ TL scharfer Senf
500 ml Gemüsebrühe
Salz, Pfeffer

Deine Soße ist ein Alleskönner. Sie passt zu Fleisch- oder Gemüsegerichten und hält sich 3 bis 4 Tage im Kühlschrank.

So geht's

1 Möhre und Zwiebel schälen, Sellerie putzen und schälen, alles in Würfel schneiden. Paprika waschen, putzen und ebenfalls in Würfel schneiden.

2 Öl in einer Pfanne erhitzen und die Gemüsewürfel ca. 2 Minuten anbraten. Tomatenmark und Senf hinzufügen und anschließend mit Brühe ablöschen. Mit Salz und Pfeffer würzen und ca. 30 Minuten einköcheln lassen. Ab und zu umrühren. Die Soße nach Bedarf noch mit dem Stabmixer pürieren und anschließend in saubere Schraubgläser füllen. Fest verschließen, abkühlen lassen und im Kühlschrank aufbewahren.

VEGAN

GLUTENFREI

LAKTOSEFREI

Sophias Guacamole

Für 4 Portionen

***Zubereitungszeit:** 10 Minuten*

***Pro Portion:** 117 kcal • 7 g • 6 g Fett • 7 g KH*

200 g TK-Edamame, alternativ Erbsen
1 reife Avocado
Saft von ½ Zitrone
1 kl. Zwiebel
1–2 Knoblauchzehen
2 Tomaten
¼ Bund Petersilie, alternativ Koriander
Salz, Pfeffer
1 Msp. Chilipulver nach Belieben

So geht's

1 Edamame in leicht gesalzenem Wasser für 5 Minuten kochen. Abkühlen lassen, aus den Hülsen herauslösen und pürieren.

2 Avocado halbieren, die Kerne entfernen, das Fruchtfleisch in eine Schüssel geben und mit einer Gabel zerdrücken. Mit Zitronensaft beträufeln und gut verrühren. Zwiebel und Knoblauchzehen schälen und fein hacken. Tomaten waschen, vom Strunk befreien und in kleine Würfel schneiden. Petersilie abbrausen, trocken schütteln und fein hacken. Alle Zutaten unter die Avocadomasse rühren und zum Schluss mit Salz, Pfeffer und Chili abschmecken.

Die Guacamole hält sich bis zu 2 Tage im Kühlschrank und schmeckt sehr gut zu Kürbis, Süßkartoffeln, gebratenem Fischfilet oder Rindersteak.

GLUTENFREI

MIT KH-BEILAGE

Sushi-Sandwiches mit Thunfisch und Guacamole

Für 2 Portionen (6 Stück)

***Zubereitungszeit:** 60 Minuten*

***Pro Portion:** 455 kcal • 25 g EW • 9 g Fett • 70 g KH*

Für den Sushi-Reis

2 EL Reisessig
1 EL Birkenzucker (Xylit)
½ TL Salz
150 g Sushi-Reis
200 ml Wasser

Für die Sandwiches

1 Dose Thunfisch im eigenen Saft (Abtropfgewicht 140 g)
1 EL Ajvar (scharfe Paprikapaste)
1 Frühlingszwiebel
Salz, bunter Pfeffer aus der Mühle
Chiliflocken nach Belieben
1 kl. Möhre (ca. 50 g)
1 Minisalatgurke
6 Noriblätter

Für die Guacamole

½ Avocado
Saft von ½ Limette
1 Knoblauchzehe
Salz, bunter Pfeffer aus der Mühle

Sushi-Sandwiches innerhalb von 2 Tagen verzehren.

So geht's

1 Für den Reis den Reisessig mit Birkenzucker und Salz in einem kleinen Topf erwärmen, bis sich der Zucker aufgelöst hat. Sushi-Reis und Wasser in einem separaten Topf zum Kochen bringen und 1 Minute bei geschlossenem Deckel kochen. Anschließend den Reis bei schwacher Hitze 15 Minuten quellen lassen. Topf vom Herd nehmen, den Deckel abnehmen und den Reis 5 Minuten abkühlen lassen. Reis in eine große Schüssel füllen und mit der Essig-Birkenzucker-Mischung verrühren. Vor der Weiterverarbeitung abkühlen lassen.

2 In der Zwischenzeit die Zutaten für die Füllung vorbereiten. Thunfisch abgießen und mit Ajvar vermengen. Frühlingszwiebel putzen, in sehr feine Ringe schneiden, unterrühren und alles mit Salz, Pfeffer und Chiliflocken nach Belieben abschmecken. Möhre und Gurke putzen, schälen und in 1 cm dicke Stifte schneiden.

3 Für die Guacamole das Fruchtfleisch der Avocado mit einer Gabel zerdrücken und in eine Schüssel füllen. Mit Limettensaft beträufeln, alles gut verrühren und mit Salz und Pfeffer abschmecken. Pro Sandwich je 1 Noriblatt mit der rauen Seite nach oben auf ein Stück Frischhaltefolie legen. Je 1 kleine Handvoll Reis in die Mitte geben, mit Guacamole bestreichen und mit Thunfisch, Möhren- und Gurkenstiften belegen. Weitere 1 bis 2 EL Reis daraufgeben und die Ecken einfalten.

4 Nach Bedarf die Ränder der Noriblätter noch mit etwas Wasser bepinseln, damit sie besser kleben. Je 3 Sandwiches in eine Vorratsdose legen und bis zum Verzehr kühl aufbewahren.

GLUTEN-FREI

MIT KH-BEILAGE

Garnelen-Burrito-Bowl mit Joghurtdip

Für 2 Portionen

Zubereitungszeit: *25 Minuten*

Pro Portion: *468 kcal • 25 g EW • 12 g Fett • 60 g KH*

100 g Basmatireis
2 Knoblauchzehen
1 TL Kokosöl
150 g Garnelen, küchenfertig
Salz, Pfeffer
Chilipulver
¼ TL Paprikapulver, edelsüß
¼ TL Paprikapulver, scharf
½ Dose Mais (Abtropfgewicht 140 g)
½ Dose Kidneybohnen (Abtropfgewicht 255 g)
150 g Kirschtomaten
1 rote Zwiebel
½ Avocado
Saft von 1 Zitrone

Für den Joghurtdip
150 g Naturjoghurt (1,5 % Fett)
Saft von 1 Limette
Salz, Pfeffer
½ Bund Koriander, alternativ Petersilie

So geht's

1 Basmatireis nach Packungsanweisung in leicht gesalzenem Wasser kochen. Anschließend abgießen.

2 Knoblauchzehen schälen und in feine Würfel schneiden. Kokosöl in einer Pfanne erhitzen. Garnelen und Knoblauchzehen darin anbraten. Mit Salz, Pfeffer, Chili- und Paprikapulver würzen. Mais und Kidneybohnen in ein Sieb geben, mit Wasser abspülen und abtropfen lassen. Tomaten waschen und vierteln. Zwiebel schälen und in feine Würfel schneiden. Fruchtfleisch der Avocado in Würfel schneiden und mit Zitronensaft beträufeln.

3 Für den Dip Joghurt und Limettensaft verrühren und mit Salz und Pfeffer würzen. Koriander abbrausen, trocken schütteln, fein hacken und unterrühren. Dip in ein separates Fach der Meal-Prep-Boxen füllen. Reis, Garnelen, Gemüse und Avocado in die großen Fächer schichten.

4 Kurz vor dem Verzehr den Garnelen-Reis-Salat in eine Bowl füllen und mit dem Joghurtdip toppen.

Die Garnelen-Burrito-Bowl hält sich 2 bis 3 Tage im Kühlschrank. Sie schmeckt auch mit gebratenem Hähnchen- oder Rindfleisch. Vegetarisch wird es mit pochierten beziehungsweise gekochten Eiern oder gebratenen Tofuwürfeln. Lecker!

GLUTEN-FREI

LAKTOSE-FREI

MIT KH-BEILAGE

ZUM EINFRIEREN

Pfannenratatouille mit gedämpftem Fisch

Für 2 Portionen

Zubereitungszeit: *25 Minuten*

Pro Portion: *500 kcal • 42 g EW • 10 g Fett • 55 g KH*

100 g Basmatireis
300 g Fischfilet (z. B. Kabeljau)
2 Paprikaschoten
1 Zucchini (ca. 250 g)
½ kl. Aubergine
150 g Tomaten
1 Gemüsezwiebel
1 Knoblauchzehe
1 EL Olivenöl
1–2 TL getrocknete Kräuter der Provence
½ TL Paprikapulver, edelsüß
½ TL Paprikapulver, scharf
Salz, Pfeffer
40 g Oliven

Außerdem
1 Dampfgareinsatz

So geht's

1 Basmatireis in einem Topf mit Salzwasser zum Kochen bringen und ca. 10 Minuten ohne Deckel kochen (Packungsanweisung beachten).

2 Fischfilets mit Küchenpapier abtupfen. Wenig Wasser in einem Topf zum Kochen bringen. Fischfilets in einen Dampfgareinsatz legen und mit geschlossenem Deckel 10 bis 15 Minuten bei mittlerer Hitze garen.

3 In der Zwischenzeit das Gemüse waschen, putzen und klein schneiden. Zwiebel und Knoblauch schälen und fein würfeln. Olivenöl in einer Pfanne erhitzen und die Zwiebel- und Knoblauchwürfel anbraten. Restliches Gemüse in die Pfanne geben und 5 Minuten anbraten. Mit Kräutern der Provence, Paprikapulver, Salz und Pfeffer würzen. Die Oliven in Scheiben schneiden und hinzufügen. Reis und Gemüsepfanne in vorbereitete Behälter füllen und zum Schluss den Fisch darauflegen.

Deine schnelle Ratatouillepfanne passt auch super zu gebratenem oder gegrilltem Geflügelfleisch und zu Feta- oder Halloumi-Käse.

GLUTEN-FREI

LAKTOSE-FREI

Lunchbox

Fisch und Meeresfrüchte

Gebratener Zander auf Belugalinsensalat

Für 2 Portionen

Zubereitungszeit: *30 Minuten*

Pro Portion: *497 kcal • 55 g EW • 10 g Fett • 38 g KH*

2 Zanderfilets (à 200 g)
1 TL Kokosöl
Salz, Pfeffer
150 g Belugalinsen
2 Möhren (ca. 100 g)
2 Frühlingszwiebeln
125 g Tomaten

Für das Dressing
Saft von ½ Orange
1 EL Rapsöl
½ Bund Petersilie
Salz, Pfeffer

Das Gericht solltest du innerhalb von 2 Tagen verzehren.

So geht's

1 Zanderfilets mit Küchenpapier trocken tupfen. Kokosöl in einer Pfanne erhitzen und die Fischfilets goldbraun anbraten. Aus der Pfanne nehmen und mit Salz und Pfeffer bestreuen.

2 Belugalinsen mit kaltem Wasser abspülen und in leicht gesalzenem Wasser 15 bis 20 Minuten kochen (Packungsanweisung beachten).

3 In der Zwischenzeit die Möhren schälen und klein schneiden. Frühlingszwiebeln putzen und in Ringe schneiden. Tomaten waschen, vom Strunk befreien und in Würfel schneiden.

4 Für das Dressing Orangensaft mit Rapsöl verrühren. Petersilie abbrausen, trocken schütteln und fein hacken. Unterrühren und mit Salz und Pfeffer würzen.

5 Linsen und Gemüse mit dem Dressing vermischen und in die Vorratsdosen schichten. Die Fischfilets auf den Linsensalat legen. Deckel schließen und die Dosen bis zum Verzehr im Kühlschrank aufbewahren.

Ofenlachs mit Tomaten und Brokkoli-Cashew-Mash

Für 2 Portionen

Zubereitungszeit: *25 Minuten*

Pro Portion: *482 kcal • 47 g EW • 23 g Fett • 15 g KH*

2 Brokkoli (ca. 800 g)
300 g Lachsfilet
1 TL Kokosöl
100 g Kirschtomaten
1 EL Cashewmus, alternativ Erdnussmus oder Kokosöl
Salz, bunter Pfeffer aus der Mühle
Muskatpulver

So geht's

1. Den Backofen auf 180 °C Ober-/Unterhitze vorheizen. Brokkoli putzen, in Röschen teilen und waschen. Dann in leicht gesalzenem Wasser in ca. 10 Minuten bissfest kochen.
2. In der Zwischenzeit Lachsfilets mit Küchenpapier trocken tupfen. Eine Auflaufform mit Kokosöl auspinseln und die Lachsfilets hineinlegen. Kirschtomaten waschen, halbieren und zum Lachs in die Form geben. Fisch 10 bis 15 Minuten im heißen Ofen garen.
3. Brokkoli abgießen und mit einem Kartoffelstampfer zerdrücken. Cashewmus hinzufügen und alles mit Salz, Pfeffer und Muskat abschmecken.
4. Brokkoli-Cashew-Mash in Vorratsdosen füllen und die Lachsfilets mit den Tomaten daraufsetzen.

Das Gericht hält sich bis zu 2 Tage im Kühlschrank. Brokkoli-Mash kannst du alternativ auch einfrieren. Sei kreativ und wähle Gemüse ganz nach deinem Geschmack. Für Gemüsestampf eignen sich auch Blumenkohl, Möhren, Erbsen, Süßkartoffeln oder Knollensellerie. Statt Lachs kannst du zum Brokkoli-Cashew-Mash auch gebratenes Hähnchenbrustfilet, Hackbällchen oder 2 pochierte Eier essen.

GLUTEN-FREI

Wasabi-Lachs mit Quinoa und Spinatsalat

Für 2 Portionen

***Zubereitungszeit:** 20 Minuten*

***Pro Portion:** 564 kcal • 30 g EW • 31 g Fett • 36 g KH*

60 g Quinoa
100 g Edamame (unreif geerntete Sojabohnen)
40 g Fetakäse
100 g Räucherlachs
2 EL Wasabi-Paste
15 g Mandeln
10 g Sonnenblumenkerne

Für den Spinatsalat
2 Handvoll Babyspinat
100 g Kirschtomaten
2 EL Weißweinessig
Salz, Pfeffer

Das Gericht innerhalb von 2 Tagen verzehren.

So geht's

1 Quinoa mit warmem Wasser abspülen und in der doppelten Menge Wasser 15 Minuten kochen. Edamame in leicht gesalzenem Wasser 5 Minuten kochen, anschließend in einem Sieb abgießen und aus den Hülsen herauslösen. Feta in kleine Stücke schneiden.

2 Quinoa und Wasabi in die Meal-Prep-Behälter füllen. Räucherlachs darübergeben und mit Mandeln, Sonnenblumenkernen und Feta bestreuen.

3 Babyspinat abbrausen und trocken schütteln. Tomaten waschen, halbieren und mit Blattspinat und Edamame mischen. Mit Weißweinessig beträufeln und mit Salz und Pfeffer würzen. Den Salat ebenfalls in die Meal-Prep-Behälter füllen und die Boxen fest verschließen.

GLUTEN-
FREI

Pikante Steak-Gemüse-Pfanne mit Gartensalat

Für 2 Portionen

Zubereitungszeit: *25 Minuten*

Pro Portion: *525 kcal • 42 g EW • 25 g Fett • 29 g KH*

100 g Kichererbsen (Dose)
100 g Kidneybohnen (Dose)
1 gelbe Paprikaschote
1 rote Paprikaschote
1 Möhre (ca. 50 g)
1 Zwiebel
½ Bund Schnittlauch
20 g Sonnenblumenkerne
300 g Rindfleisch, z. B. Rumpsteak
2 TL Kokosöl
2 EL Ajvar (scharfe Paprikapaste)

Für den Gartensalat
2 Handvoll gemischter Blattsalat
100 g Kirschtomaten
30 g Oliven
2 EL Weißweinessig
Salz, Pfeffer

Das Gericht innerhalb von 2 Tagen verzehren.

So geht's

1 Kichererbsen und Kidneybohnen mit kaltem Wasser abspülen und in einem Sieb abtropfen lassen. Paprika waschen, putzen und in Würfel schneiden. Möhre schälen und in schmale Streifen schneiden. Zwiebel schälen und würfeln. Schnittlauch abbrausen, trocken schütteln und in feine Röllchen schneiden.

2 Für den Gartensalat Blattsalat abbrausen und trocken schütteln, Tomaten waschen und beides in mundgerechte Stücke schneiden. Sonnenblumenkerne in einer Pfanne ohne Fett anrösten, bis sie duften. Anschließend aus der Pfanne nehmen und abkühlen lassen.

3 Rindfleisch mit Küchenpapier trocken tupfen und in Streifen schneiden. 1 TL Kokosöl in einer Pfanne erhitzen und zunächst Rindfleisch und Zwiebeln scharf anbraten. Ajvar mit dem Fleisch vermengen und mit Salz und Pfeffer abschmecken. Fleisch aus der Pfanne nehmen und in die Meal-Prep-Behälter füllen. Restliches Öl in der Pfanne erhitzen und Paprika und Möhren 4 Minuten anbraten. Kichererbsen und Kidneybohnen hinzufügen und 1 Minute mitbraten. Gemüsemischung würzen, mit Schnittlauch bestreuen und zum Fleisch in die Behälter füllen.

4 Blattsalat, Tomaten und Oliven ebenfalls in die Behälter füllen. Weißweinessig darübergeben und mit Salz und Pfeffer würzen.

GLUTEN-FREI

LAKTOSE-FREI

MIT KH-BEILAGE

ZUM EIN-FRIEREN

Brokkoli-Erbsen-Suppe

Für 2 Portionen

***Zubereitungszeit:** 20 Minuten*

***Pro Portion:** 332 kcal • 23 g EW • 12 g Fett • 27 g KH*

1 Zwiebel
1 TL Rapsöl
50 g fettarme Schinkenwürfel
1 Brokkoli (ca. 400 g)
200 g Kartoffeln
150 g TK-Erbsen
Salz, Pfeffer
¼ TL gemahlener Kreuzkümmel

Außerdem

2 EL Kerne nach Wahl (z. B. Sonnenblumenkerne)

Die Suppe hält sich 3 bis 4 Tage im Kühlschrank. Du kannst sie alternativ auch einfrieren.

So geht's

1 Zwiebel schälen und in Würfel schneiden. Rapsöl in einem Topf erhitzen und die Zwiebel- und Schinkenwürfel darin anbraten. Brokkoli putzen, in Röschen teilen, waschen und kurz mit anbraten. Kartoffeln schälen und in Würfel schneiden, zum Brokkoli geben, alles knapp mit Wasser bedecken, leicht salzen und 10 bis 15 Minuten kochen.

2 Erbsen separat in leicht gesalzenem Wasser 5 Minuten kochen. Abgießen und zum Brokkoli in den Topf geben. Brokkoli und Erbsen mit dem Kochwasser pürieren und mit Salz, Pfeffer und Kreuzkümmel abschmecken. Die Suppe in zwei Schraubgläser füllen, abkühlen lassen und fest verschließen. Kurz vor dem Verzehr mit den Kernen toppen.

Expresspizza aus der Tasse

Für 2 Portionen

Zubereitungszeit: *5 Minuten*

Pro Portion: *200 kcal • 11 g EW • 2 g Fett • 32 g KH*

Für den Pizzateig

8 EL Mehl (z. B. Dinkelmehl)
2 Msp. Backpulver
1 Prise Salz
6 EL Milch
2 EL Olivenöl

Für die Tomatensoße

2 EL stückige Tomaten (Dose)
¼ TL getrockneter Oregano
Salz, bunter Pfeffer aus der Mühle

Für den Belag

2 Champignons
1 Scheibe Kochschinken
¼ rote Paprikaschote
60 g Mozzarella

So geht's

1. Für den Teig Mehl, Backpulver und Salz auf zwei Tassen verteilen. Milch und Olivenöl in gleichen Teilen hinzufügen und mit einer Gabel so lange verrühren, bis ein zäher Teig entsteht. Den Teig mit einem Löffel etwas glatt drücken.
2. Für die Soße Tomaten mit Oregano, Salz und Pfeffer vermischen und in die Tassen füllen.
3. Für den Belag Champignons und Paprika waschen, putzen und klein schneiden. Kochschinken in Würfel schneiden und auf die anderen Zutaten geben. Mozzarella klein schneiden und auf dem Belag verteilen. Die Tassen nacheinander ca. 90 Sekunden bei 1200 Watt in der Mikrowelle backen.

Belege deine Tassenpizza mit allem, was der Kühlschrank zu bieten hat. Prima machen sich zum Beispiel Thunfisch, gebratenes Fleisch oder Tomaten, Oliven und Mozzarella. Fülle die Tasse nicht zu üppig, da der Teig sonst nicht durchbäckt. Wenn du sie nicht sofort genießt, fülle die fertige Pizza einfach in eine Vorratsdose um.

Puten-Tomaten-Ragout mit Zucchinispalten und Kartoffeln

Für 2 Portionen

Zubereitungszeit: *30 Minuten*

Pro Portion: *515 kcal • 38 g EW • 20 g Fett • 38 g KH*

300 g kleine Kartoffeln (z. B. Drillinge)
3 Zucchini (ca. 750 g)
2–3 TL getrocknete Kräuter der Provence
½ TL Paprikapulver, edelsüß
½ TL Paprikapulver, geräuchert
Salz, Pfeffer
250 g Putenhackfleisch
2 rote Zwiebeln
2 Knoblauchzehen
½ Dose passierte Tomaten mit Kräutern (Füllmenge 420 ml)
¼ TL Chilipulver

Außerdem

1 TL Kokosöl für das Blech

So geht's

1. Den Backofen auf 200 °C Ober-/Unterhitze (180 °C Umluft) vorheizen und ein Backblech mit Kokosöl bepinseln.
2. Kartoffeln mit Schale waschen und halbieren. Zucchini waschen, putzen und in Spalten schneiden. Beides auf dem Blech verteilen und mit Kräutern der Provence, Paprikapulver, Salz und Pfeffer würzen und ca. 20 Minuten im Ofen garen.
3. In der Zwischenzeit Hackfleisch ohne Öl in der Pfanne anbraten und mit Salz und Pfeffer würzen. Zwiebeln und Knoblauch schälen und fein würfeln. Hinzugeben und mit anbraten. Die passierten Tomaten hinzufügen und alles mit Kräutern der Provence, Paprika- und Chilipulver sowie Salz und Pfeffer abschmecken.
4. Puten-Tomaten-Ragout in zwei Vorratsdosen füllen. Kartoffeln und Zucchinispalten daraufschichten und das Gericht abkühlen lassen. Anschließend Deckel schließen und die Boxen bis zum Verzehr im Kühlschrank aufbewahren.

Das Puten-Tomaten-Ragout kannst du auch problemlos einfrieren. Ansonsten hält sich das Gericht bis zu 4 Tage im Kühlschrank. Tausche das Putenhackfleisch durch mageres Rinder- oder Lammhackfleisch aus und wähle die Gemüsebeilage nach deinem Geschmack aus.

GLUTEN-FREI

LAKTOSE-FREI

MIT KH-BEILAGE

ZUM EIN-FRIEREN

GLUTEN-FREI

Italo-Schnitzel mit Zoodles

Für 2 Portionen

Zubereitungszeit: *25 Minuten*

Pro Portion: *460 kcal • 55 g EW • 17 g Fett • 16 g KH*

1 rote Zwiebel
1 Knoblauchzehe
125 g Tomaten
2 EL TK-Kräutermischung (z. B. italienische Kräuter)
Salz, Pfeffer
300 g Putenbrustfilet
1 EL Olivenöl
125 g Mozzarella (30 % Fett i. Tr.)
½ TL getrockneter Rosmarin
4 Zucchini (ca. 1 kg)
30 g Pinienkerne

Zu den Italo-Schnitzeln passen auch der Brokkoli-Cashew-Mash *(Seite 118)* oder das Ofengemüse *(Seite 129)*.

So geht's

1 Den Backofen auf 200 °C Ober-/Unterhitze vorheizen. Zwiebel und Knoblauch schälen und in feine Würfel schneiden. Tomaten waschen, vom Strunk befreien und ebenfalls in kleine Würfel schneiden. Tomaten, Knoblauch, Zwiebel und Kräutermischung vermengen und mit Salz und Pfeffer abschmecken.

2 Putenbrustfilet mit kaltem Wasser abspülen, mit Küchenpapier abtupfen und in Schnitzel schneiden. Olivenöl in einer Pfanne erhitzen und das Fleisch rundherum scharf anbraten. Mit Salz und Pfeffer würzen. Fleisch aus der Pfanne nehmen und in eine Auflaufform legen. Mozzarella in Scheiben schneiden. Die Hälfte der Tomatenmischung auf dem Fleisch verteilen und mit Mozzarellascheiben belegen. 5 bis 10 Minuten im Ofen backen, bis der Mozzarella geschmolzen ist.

3 Zucchini waschen, mit dem Spiralschneider in feine Streifen schneiden und in die Bentoboxen füllen. Italo-Schnitzel daraufgeben. Die restliche Tomatensoße in die separaten Fächer füllen, die Pinienkerne in einer kleinen Dose oder Gefriertüte mitnehmen und kurz vor dem Verzehr darüberstreuen.

GLUTEN-FREI

MIT KH-BEILAGE

ZUM EIN-FRIEREN

Ofengemüse mit Hähnchen und Zitronen-Joghurt-Dip

Für 2 Portionen

Zubereitungszeit: *15 Minuten*

Backzeit: *25 bis 35 Minuten*

Pro Portion: *516 kcal • 51 g EW • 20 g Fett • 28 g KH*

1 kg gemischtes Gemüse (z. B. Zucchini, Paprika, Möhren, grüner Spargel, Kartoffeln)
1–2 Zwiebeln
1–2 Knoblauchzehen
3 EL Olivenöl
Salz, bunter Pfeffer aus der Mühle
2 Hähnchenbrustfilets (à 150 g)
Paprikapulver

Für den Zitronen-Joghurt-Dip
250 g Naturjoghurt (1,5 % Fett)
Saft von ½ Zitrone
Salz, bunter Pfeffer aus der Mühle

Zum Ofengemüse schmecken auch Hackbällchen, gebratener Tofu, Lachs oder Garnelen. Ofengemüse und Hähnchenbrust solltest du in geschlossenen Behältern im Kühlschrank lagern und innerhalb von 3 bis 4 Tagen verbrauchen. Alternativ kannst du das Gericht portionsweise in Behältern oder Gefriertüten einfrieren. So ist es mindestens 4 Monate haltbar.

So geht's

1 Den Backofen auf 200 °C Ober-/Unterhitze (180 °C Umluft) vorheizen und ein Backblech mit Backpapier auslegen.

2 Gemüse waschen, putzen und in Würfel schneiden. Gemüse mit hohem Wasseranteil wie Zucchini oder Champignons in größere Stücke schneiden, da es schneller weich wird. Stärkehaltiges Gemüse wie Kartoffeln, Süßkartoffeln oder Kürbis in kleinere Stücke schneiden, da es eine längere Garzeit hat. Zwiebeln schälen und vierteln. Knoblauchzehen schälen, mit dem Messer platt drücken und mit dem Gemüse auf der einen Hälfte des Backblechs verteilen. Mit ½ EL Olivenöl beträufeln, gut vermengen und mit Salz und Pfeffer abschmecken.

3 Hähnchenbrustfilets mit kaltem Wasser abspülen und mit Küchenpapier trocken tupfen. Fleisch mit dem restlichen Olivenöl in einen Zipperbeutel geben und mit Salz, Pfeffer und Paprikapulver würzen. Fleisch mit dem Öl und den Gewürzen gut vermengen und auf das Backblech geben. 25 bis 35 Minuten im heißen Ofen backen. Nach 25 Minuten den Garzustand des Fleisches überprüfen. Alternativ kannst du das Fleisch auch in einer Pfanne anbraten.

4 In der Zwischenzeit für den Dip Joghurt mit Zitronensaft cremig rühren und mit Salz und Pfeffer abschmecken.

5 Ofengemüse aus dem Backofen holen und etwas abkühlen lassen. Gemüse in die Vorratsdosen füllen und das Fleisch daraufsetzen. Joghurtdip in separate Behälter füllen, mitnehmen und erst kurz vor dem Verzehr zu Gemüse und Fleisch geben.

Chicken-Burger mit Mango-Guacamole

Für 2 Portionen

***Marinierzeit:** 30 Minuten*

***Zubereitungszeit:** 35 Minuten*

***Pro Portion:** 530 kcal • 41 g EW • 22 g Fett • 38 g KH*

300 g Hähnchenfleisch (z. B. aus der Keule)
2 EL Kokosöl
Saft von ½ Limette
½ TL Paprikapulver, edelsüß
Chiliflocken nach Belieben
Salz, bunter Pfeffer aus der Mühle
½ Romanasalat
1 Tomate
1 rote Zwiebel
2 Vollkornbrötchen, alternativ Roggen- oder Mehrkornbrötchen

Für die Mango-Guacamole

1 Avocado
Saft von ½ Limette
Salz, bunter Pfeffer aus der Mühle
½ Mango

Statt Hähnchenfleisch zu verwenden, kannst du auch aus magerem Rinderhackfleisch und gehackten Zwiebeln einen Patty zubereiten.

So geht's

1 Fleisch mit kaltem Wasser abspülen, mit Küchenpapier trocken tupfen und vom Knochen lösen. Kokosöl, Limettensaft, Paprikapulver und Chiliflocken nach Belieben sowie Salz und Pfeffer in einer Schüssel verrühren. Fleisch hineingeben und die Marinade mit den Händen einmassieren. Hähnchen abgedeckt ca. 30 Minuten im Kühlschrank marinieren.

2 In der Zwischenzeit Salat waschen und die Blätter abzupfen. Tomate waschen, vom Strunk befreien und in dünne Scheiben schneiden. Zwiebel schälen, halbieren und eine Hälfte in Würfel, die andere Hälfte in Ringe schneiden.

3 Für die Guacamole die Avocado halbieren, den Kern entfernen und das Fruchtfleisch mit der Gabel zerdrücken. Mit Limettensaft beträufeln und mit Salz und Pfeffer würzen. Mango schälen, in kleine Würfel schneiden und mit der Avocado verrühren. Zwiebelwürfel unterheben und alles mit Salz und Pfeffer abschmecken. Brötchen aufschneiden und je eine Hälfte mit der Guacamole bestreichen.

4 Hähnchenfleisch auf dem Grill oder in einer Grillpfanne goldbraun anbraten. Die Brötchen mit Hähnchenfleisch, Salat, Tomaten- und Zwiebelscheiben belegen und zusammenklappen.

GLUTEN-FREI

MIT KH-BEILAGE

LAKTOSE-FREI

Cashew-Asia-Pfanne mit Rind

Für 2 Portionen

Zubereitungszeit: *30 Minuten*

Pro Portion: *494 kcal • 51 g EW • 19 g Fett • 23 g KH*

1 Brokkoli (ca. 400 g)
1 rote Paprikaschote
2 kl. Möhren (ca. 100 g)
350 g mageres Rindfleisch
2 TL Kokosöl
3–4 EL Sojasoße
bunter Pfeffer aus der Mühle
30 g Cashewkerne

Das Gericht hält sich bis zu 3 Tage im Kühlschrank.

So geht's

1 Brokkoli putzen, in Röschen teilen und waschen, dann die Röschen vierteln. Paprika waschen und putzen, Möhre putzen und schälen und beides schräg in Streifen schneiden. 1 TL Kokosöl in einer beschichteten Pfanne erhitzen und zunächst das Gemüse unter gelegentlichem Wenden 5 bis 8 Minuten anbraten.

2 In der Zwischenzeit das Rindfleisch mit Küchenpapier abtupfen und in Streifen schneiden. Gemüse aus der Pfanne nehmen und das Fleisch in dem restlichen Kokosöl 2 Minuten scharf anbraten. Mit Sojasoße ablöschen und mit Pfeffer würzen. Gemüse und Rindfleisch in Vorratsdosen schichten.

3 Die Cashewkerne mit dem Messer grob hacken und in ein separates Fach der Vorratsdose geben. Cashewkerne erst kurz vor dem Verzehr über die Asia-Pfanne streuen.

GLUTEN-FREI

ZUM EIN-FRIEREN

Kichererbsen-Karotten-Pfanne mit Hack

Für 2 Portionen

Zubereitungszeit: *20 Minuten*

Pro Portion: *466 kcal • 38 g EW • 22 g Fett • 30 g KH*

200 g Kichererbsen (Dose)
3 Möhren (ca. 150 g)
2–3 Frühlingszwiebeln
250 g mageres Hackfleisch (z. B. Rind)
2 EL Tomatenmark
Salz, Pfeffer
¼ TL gemahlener Kreuzkümmel
3 EL TK-Petersilie

Außerdem
150 g Naturjoghurt (1,5 % Fett)

Das Gericht hält sich bis zu 3 Tage im Kühlschrank, du kannst es aber auch einfrieren.

So geht's

1 Kichererbsen in ein Sieb geben, mit kaltem Wasser abspülen und abtropfen lassen. Möhren schälen und in Scheiben schneiden. Frühlingszwiebeln putzen und ebenfalls in Scheiben schneiden.

2 Eine beschichtete Pfanne erhitzen und das Hackfleisch krümelig anbraten. Tomatenmark unterrühren und mit Salz, Pfeffer und Kreuzkümmel würzen. Möhrenscheiben und Frühlingszwiebeln in die Pfanne geben und 3 Minuten mitbraten. Kichererbsen und TK-Petersilie hinzufügen, alles verrühren und in die Vorratsdosen schichten. Joghurt mitnehmen und kurz vor dem Verzehr zur Hack-Gemüse-Pfanne geben.

Kürbis-Hack-Auflauf mit Feta

Für 2 Portionen

***Zubereitungszeit:** 40 Minuten*

***Pro Portion:** 493 kcal • 52 g EW • 19 g Fett • 23 g KH*

1 kl. Butternutkürbis
Salz, Pfeffer
1 Zwiebel
1–2 Knoblauchzehen
1 kl. Zucchini (ca. 250 g)
250 g mageres Hackfleisch (z. B. Kalb)
1 EL Tomatenmark
400 g stückige Tomaten (Dose)
1 TL getrockneter Oregano
150 g Schafskäse (9 % Fett absolut)

Außerdem
1 rechteckige Auflaufform (35 x 15 cm)

Der Auflauf hält sich bis zu 3 Tage im Kühlschrank. Alternativ kannst du den Kürbis-Hackauflauf auch einfrieren.

So geht's

1 Den Backofen auf 200 °C Ober-/Unterhitze (180 °C Umluft) vorheizen und ein Backblech mit Backpapier auslegen.

2 Kürbis schälen, die Kerne mit einem Löffel herausholen und das Fruchtfleisch in Würfel schneiden. Kürbiswürfel auf dem Backblech verteilen und mit Salz und Pfeffer würzen. Ca. 25 Minuten im heißen Ofen backen.

3 In der Zwischenzeit Zwiebel und Knoblauchzehen schälen und in feine Würfel schneiden. Zucchini waschen, halbieren und klein schneiden. Hackfleisch in einer Pfanne anbraten. Zwiebel, Knoblauch und Zucchinistücke mitbraten. Tomatenmark und stückige Tomaten hinzufügen und mit Oregano, Salz und Pfeffer würzen. Kürbis aus dem Ofen holen und abwechselnd die gebackenen Kürbisstücke und die Hackfleisch-Tomaten-Mischung in eine Auflaufform schichten. Feta in Würfel schneiden und darüberstreuen. Ca. 10 Minuten im heißen Ofen überbacken.

4 Den Auflauf aus dem Ofen holen, abkühlen lassen und portionsweise in Vorratsdosen schichten.

GLUTEN-FREI

ZUM EIN-FRIEREN

GLUTEN-FREI

LAKTOSE-FREI

MIT KH-BEILAGE

Kartoffel-Gemüse-Pfanne mit marinierter Pute

Für 2 Portionen

Marinierzeit: *30 Minuten*

Zubereitungszeit: *40 Minuten*

Pro Portion: *473 kcal • 45 g EW • 15 g Fett • 36 g KH*

300 g Putenbrustfilet
2 Frühlingszwiebeln
2 Knoblauchzehen
2 EL Olivenöl
Saft von ½ Zitrone
Paprikapulver, edelsüß
Salz, Pfeffer
300 g kl. Kartoffeln (z. B. Drillinge)
250 g grüne Bohnen
1 Gemüsezwiebel
250 g grüner Spargel
1 TL Olivenöl

Im Kühlschrank hält sich das Gericht 3 bis 4 Tage. Du kannst mariniertes Putenfleisch auch in größeren Portionen vorbereiten und einfrieren – so ist es bis zu 4 Monate haltbar.

So geht's

1 Fleisch mit kaltem Wasser abspülen, trocken tupfen und in eine Auflaufform legen. Für die Marinade die Frühlingszwiebeln putzen und in feine Ringe schneiden. Knoblauch schälen und in Scheiben schneiden. Olivenöl, Zitronensaft und Gewürze verrühren und die Marinade zum Fleisch geben. Alles gut mit den Händen einmassieren und mit Frischhaltefolie abdecken. Mindestens 30 Minuten im Kühlschrank durchziehen lassen.

2 In der Zwischenzeit Kartoffeln mit Schale waschen und in leicht gesalzenem Wasser 20 Minuten kochen, anschließend abgießen und halbieren.

3 Grüne Bohnen waschen und dritteln, dabei die Enden abschneiden. Zwiebel schälen und in grobe Stücke schneiden. Spargel waschen, unteres Drittel schälen und holzige Enden abschneiden. Die Spargelstangen dann dritteln. Öl in einer Pfanne erhitzen und zunächst Zwiebelstücke und Bohnen ca. 15 Minuten anbraten, bis sie bissfest und leicht gebräunt sind. Mit Salz und Pfeffer würzen. Bohnen aus der Pfanne nehmen und den Spargel 5 Minuten in der Pfanne braten, würzen und die Pfanne vom Herd nehmen.

4 Mariniertes Putenbrustfilet in die Pfanne geben und goldbraun anbraten. Aus der Pfanne nehmen und in Streifen schneiden. Kartoffeln, Bohnen und Spargel in den Vorratsdosen verteilen und das Fleisch darauflegen. Bis zum Verzehr im Kühlschrank aufbewahren.

Chicken-Cashew-Reis mit Rucolasalat

Für 2 Portionen

Zubereitungszeit: *25 Minuten*

Pro Portion: *597 kcal • 48 g EW • 18 g Fett • 56 g KH*

80 g Basmatireis
300 g Hähnchenbrustfilet
1 TL Kokosöl
25 g Cashewkerne
Salz, Pfeffer
100 g Kichererbsen (Dose)
50 g Rucola
1 gelbe Paprikaschote
100 g Kirschtomaten
15 g Sonnenblumenkerne

Für das Salatdressing
½ Bund Schnittlauch
2 EL Granatapfelkerne
2 EL Weißweinessig
1 EL Olivenöl
Salz, Pfeffer

So geht's

1 Reis nach Packungsanweisung in leicht gesalzenem Wasser kochen. Hähnchenbrustfilet mit kaltem Wasser abspülen, mit Küchenpapier abtupfen und in mundgerechte Stücke schneiden. Kokosöl in einer beschichteten Pfanne erhitzen und das Fleisch goldbraun anbraten. Mit Salz und Pfeffer würzen. Kurz vor Ende der Garzeit die Cashewkerne in die Pfanne geben und ebenfalls kurz anrösten.

2 Kichererbsen mit kaltem Wasser abspülen und in einem Sieb abtropfen lassen. Rucola, Paprika und Tomaten waschen, putzen und klein schneiden. Alle Salatzutaten in den Meal-Prep-Behältern verteilen.

3 Für das Dressing Schnittlauch abbrausen, trocken schütteln und in Röllchen schneiden. Alle Zutaten mischen und entweder direkt über den Salat geben oder in einem separaten kleinen Behälter mitnehmen. Salat und Hähnchen nach Belieben würzen und mit Sonnenblumenkernen bestreuen.

Das Gericht innerhalb von 2 Tagen verzehren.

GLUTEN-FREI

LAKTOSE-FREI

MIT KH-BEILAGE

Food Prep: Süßkartoffel

1-mal kochen, 3 Tage essen

Die Süßkartoffel, auch »Batate« genannt, gehört zu meinen absoluten Lieblingsbeilagen. Die Powerknolle besteht zu über 70 Prozent aus Wasser und ist reich an Betacarotin und Vitamin E. Das enthaltene Kalium regelt den Flüssigkeitshaushalt im Körper: Es schwemmt überschüssiges Wasser aus und kann einen erhöhten Blutdruck senken. Süßkartoffeln sind ballaststoffreich, daher sättigen sie lang anhaltend. Die Knollen lassen sich vielseitig verarbeiten, zum Beispiel als Pommes, Püree oder gebacken im Ofen.

Die Prepping-Basis vorbereiten

Den Backofen auf 180 °C Umluft (200 °C Ober-/Unterhitze) vorheizen und ein Backblech mit Backpapier auslegen. 3 kleine Süßkartoffeln (ca. 600 g) schälen und in Würfel schneiden. Süßkartoffelwürfel in eine Schüssel geben. 2 EL Kokosöl hinzufügen und alles kräftig mit Salz und Pfeffer würzen. Süßkartoffelwürfel auf dem Backblech verteilen und 20 bis 30 Minuten im heißen Ofen backen. Herausnehmen, abkühlen lassen und bis zur Weiterverarbeitung im Kühlschrank aufbewahren.

VEGETARISCH · GLUTENFREI · LAKTOSEFREI · MIT KH-BEILAGE

Tag 1

Gemüsebowl mit Süßkartoffeln und Tahindressing

Für 1 Portion

Zubereitungszeit: *20 Minuten*

Pro Portion: *536 kcal • 21 g EW • 15 g Fett • 65 g KH*

150 g TK-Rosenkohl
½ rote Paprikaschote
1 Möhre (ca. 50 g)
50 g frischer Grünkohl, alternativ Blattsalat deiner Wahl
1 hart gekochtes Ei
⅓ der gebackenen Süßkartoffelwürfel (ca. 200 g)

Für das Tahindressing
1 TL Tahin
1 EL Zitronensaft
1 TL Olivenöl
Salz, Pfeffer

So geht's

1. Rosenkohl unaufgetaut in einen Topf mit kochendem Wasser geben und ca. 5 Minuten bei mittlerer Hitze kochen. Anschließend abgießen und abkühlen lassen.
2. In der Zwischenzeit Paprika waschen, putzen und in Streifen schneiden. Möhre schälen und in Scheiben oder Stifte schneiden. Grünkohl gründlich waschen, die Blätter von groben Strünken befreien und in mundgerechte Stücke zerkleinern. Ei pellen und halbieren.
3. Süßkartoffelwürfel mit den restlichen Zutaten in eine Vorratsdose füllen oder alternativ in einer Schüssel anrichten. Tahin, Zitronensaft und Olivenöl verrühren und mit Salz und Pfeffer würzen. Dressing in einen separaten Behälter füllen und erst kurz vor dem Verzehr über die Bowl geben.

In luftdicht verschlossenen Behältern ist das Gericht bis zu 2 Tage haltbar. Dein Tahindressing hält sich ca. 5 Tage im Kühlschrank.

GLUTENFREI

LAKTOSEFREI

MIT KH-BEILAGE

Tag 2

Rindfleisch-Bohnen-Pfanne mit Süßkartoffeln

Für 1 Portion

Zubereitungszeit: *25 Minuten*

Pro Portion: *561 kcal • 36 g EW • 19 g Fett • 54 g KH*

150 g grüne Bohnen
1 Zwiebel
1 Tomate
1 Zweig Bohnenkraut
150 g mageres Rindfleisch (z. B. aus der Oberschale)
1 TL Olivenöl
Salz, grob gemahlener Pfeffer
⅓ der gebackenen Süßkartoffelwürfel (ca. 200 g)

Das Gericht hält sich bis zu 3 Tage im Kühlschrank.

So geht's

1. Bohnen waschen, putzen und in Stücke schneiden. In leicht gesalzenem Wasser ca. 15 Minuten kochen, anschließend abgießen.
2. Zwiebel schälen und in grobe Stücke schneiden. Tomate waschen, vom Strunk befreien und in Würfel schneiden. Bohnenkraut abbrausen und trocken schütteln. Fleisch in schmale Streifen schneiden.
3. Öl in einer Pfanne erhitzen und die Zwiebel in der Pfanne anbraten. Bohnen hinzufügen und weitere 5 Minuten anbraten. Bohnenkraut und Tomate in die Pfanne geben und das Gemüse mit Salz und Pfeffer würzen. Bohnen und Tomaten aus der Pfanne nehmen und das Rindfleisch 2 Minuten scharf anbraten. Bohnen und Tomaten wieder zurück in die Pfanne geben und alles noch einmal abschmecken.
4. Rindfleisch-Bohnen-Pfanne mit den Süßkartoffelwürfeln in eine Vorratsdose geben und abkühlen lassen.

VEGETARISCH

LAKTOSEFREI

MIT KH-BEILAGE

ZUM EINFRIEREN

Lunchbox

Food Prep: Süßkartoffel

Tag 3

Schnelles Süßkartoffelcurry

Für 1 Portion

***Zubereitungszeit:** 25 Minuten*

***Pro Portion:** 481 kcal • 7 g EW • 20 g Fett • 60 g KH*

½ Zucchini (ca. 150 g)
1 Möhre (ca. 50 g)
1 Knoblauchzehe
15 g Ingwer
1 TL Kokosöl
1 TL Currypulver
Salz, Pfeffer
100 ml Gemüsebrühe
1 Frühlingszwiebel
1 Tomate
⅓ der gebackenen Süßkartoffelwürfel (ca. 200 g)
100 ml fettreduzierte Kokosmilch

Das Süßkartoffelcurry hält sich 2 bis 3 Tage im Kühlschrank. Du kannst es alternativ auch portionsweise einfrieren.

So geht's

1 Zucchini waschen, putzen, halbieren und in Würfel schneiden. Möhren schälen und würfeln. Knoblauch schälen und in feine Würfel schneiden. Ingwer schälen und mit einer Gemüsereibe fein reiben. Kokosöl in einem Topf oder einer Pfanne erhitzen und die Gemüsewürfel unter Rühren 5 Minuten anbraten. Currypulver, etwas Salz und Pfeffer hinzufügen und kurz mitrösten. Mit Gemüsebrühe ablöschen und 5 Minuten bei schwacher Hitze köcheln lassen. Nach Bedarf noch etwas mehr Gemüsebrühe hinzufügen.

2 Frühlingszwiebel putzen und in feine Ringe schneiden. Tomate waschen, vom Strunk befreien und klein schneiden. Süßkartoffeln, restliches Gemüse sowie Kokosmilch hinzufügen und alles noch einmal aufkochen lassen. Süßkartoffelcurry in ein Schraubglas mit weiter Öffnung füllen, abkühlen lassen und mit dem Deckel fest verschließen.

Food Prep: Quinoa

1-mal kochen, 3 Tage essen

Quinoa zählt zu den Fuchsschwanzgewächsen und ist ein Pseudogetreide. Die Powerkörner stecken voller Mineralstoffe und hochwertigem Eiweiß. Sie enthalten beispielsweise deutlich mehr Eiweiß als herkömmliche Getreidearten. Speziell für Vegetarier sind die Körner eine gute Eiweißquelle, da sie viele essenzielle Aminosäuren enthalten, die der Körper nicht selbst herstellen kann. Quinoa ist eine tolle Beilage und passt zu Fleisch-, Fisch- oder Gemüsegerichten.

Die Prepping-Basis vorbereiten

50 g Quinoa in ein feinmaschiges Sieb geben und gründlich mit heißem Wasser abspülen, damit die Bitterstoffe entfernt werden. Quinoa mit der doppelten Menge Wasser und etwas Salz zum Kochen bringen und ohne Deckel 15 Minuten kochen. Nach Bedarf noch etwas Wasser hinzufügen. Topf vom Herd nehmen und die Quinoakörner 5 Minuten quellen lassen. Sofort verwenden oder in eine Vorratsdose füllen, abkühlen lassen und im Kühlschrank aufbewahren.

VEGETARISCH

GLUTENFREI

MIT KH-BEILAGE

Tag 1

Griechischer Quinoasalat

Für 1 Portion

Zubereitungszeit: *20 Minuten*

Pro Portion: *478 kcal • 22 g EW • 20 g Fett • 46 g KH*

½ rote Paprikaschote
½ rote Zwiebel
20 g Oliven
¼ Salatgurke
60 g Kirschtomaten
½ kl. Avocado
Saft von ½ Limette
50 g leichter Schafskäse (9 % Fett absolut)
½ Romanasalat
50 g gegarter Quinoa

Für das Dressing
1 TL Olivenöl
1 EL Weißweinessig
¼ TL getrockneter Oregano
Salz, Pfeffer
1 EL TK-Basilikum
1 EL TK-Petersilie

So geht's

1 Paprika waschen, putzen und in Würfel schneiden. Zwiebel schälen und fein würfeln. Oliven in Scheiben schneiden. Gurke waschen und fein raspeln. Tomaten waschen und vierteln. Das Fruchtfleisch der Avocado klein schneiden und die Avocadowürfel mit Limettensaft beträufeln. Schafskäse würfeln. Romanasalat abbrausen und trocken schütteln. Quinoa und Gemüse in das Schraubglas schichten. Zum Schluss den Salat hineingeben, das Glas fest verschließen und bis zum Verzehr kühl stellen.

2 Für das Dressing Olivenöl, Essig, Gewürze und Kräuter verrühren und in einen separaten Behälter füllen. Erst kurz vor dem Verzehr in das Schraubglas füllen, das Glas erneut fest verschließen und kräftig schütteln. Den Salat direkt aus dem Glas essen oder in eine große Schüssel füllen.

Dein Salat hält sich 2 bis 3 Tage im Kühlschrank.

VEGAN

GLUTENFREI

LAKTOSEFREI

ZUM EINFRIEREN

Tag 2

Veggie-Curry mit Quinoa und Cashews

Für 1 Portion

Zubereitungszeit: *20 Minuten*

Pro Portion: *503 kcal • 22 g EW • 19 g Fett • 50 g KH*

200 g Blumenkohl
½ Brokkoli (200 g)
1 Möhre (ca. 50 g)
½ Zwiebel
1 TL Kokosöl
1 EL Currypulver
½ TL Kurkuma
½ TL Knoblauchpulver
1 Msp. gemahlener Kreuzkümmel
Salz, Pfeffer
150 ml vegane Gemüsebrühe
50 g gegarter Quinoa
½ kl. Avocado
10 g Cashewkerne

Außerdem

Basilikum oder Kräuter nach Wahl

So geht's

1 Blumenkohl und Brokkoli putzen, in Röschen teilen und waschen. Möhre schälen und in Scheiben schneiden. Zwiebel schälen und in Würfel schneiden.

2 Kokosöl in einer Pfanne erhitzen und zunächst Blumenkohlröschen und Möhrenscheiben 5 Minuten unter Rühren in der Pfanne anrösten. Dann Zwiebelwürfel und Brokkoliröschen hinzufügen und alles mit Currypulver, Kurkuma und den restlichen Gewürzen bestreuen und weitere 2 Minuten anrösten. Mit Gemüsebrühe ablöschen und 3 bis 5 Minuten bei mittlerer Hitze kochen, bis das Gemüse bissfest ist. Nach Bedarf noch etwas mehr Gemüsebrühe hinzufügen, zum Schluss mit Salz und Pfeffer abschmecken.

3 Quinoa und Gemüsecurry in eine Vorratsdose mit mehreren Fächern schichten oder alternativ in eine Schüssel geben. Avocado kurz vor dem Verzehr in Scheiben schneiden und mit den Cashewkernen zum Gemüsecurry geben. Mit abgebraustem Basilikum oder Kräutern deiner Wahl toppen.

Dein Veggie-Curry hält sich 3 bis 4 Tage im Kühlschrank.

GLUTEN-FREI

LAKTOSE-FREI

Lunchbox

Food Prep: Quinoa

Tag 3

Hähnchen-Quinoa-Bowl

Für 1 Portion

Zubereitungszeit: *15 Minuten*

Pro Portion: *489 kcal • 42 g EW • 16 g Fett • 39 g KH*

2 Handvoll gemischter Blattsalat (z. B. Blattspinat und Endivie)
100 g Kirschtomaten
½ kl. Avocado
Saft von 1 Limette
150 g Hähnchenbrustfilet
1 TL Kokosöl
Paprikapulver, edelsüß
Salz, Pfeffer
50 g gegarter Quinoa

So geht's

1 Blattsalat abbrausen, trocken schütteln und die Blätter abzupfen. Tomaten waschen und vierteln. Das Fruchtfleisch der Avocado in Scheiben schneiden und mit etwas Limettensaft beträufeln.

2 Hähnchenfleisch mit kaltem Wasser abspülen, mit Küchenpapier trocken tupfen. Kokosöl in einer Pfanne erhitzen und das Hähnchenfleisch darin goldbraun anbraten. Mit Paprikapulver, Salz und Pfeffer würzen. Fleisch aus der Pfanne nehmen und in Streifen schneiden.

3 Blattsalate, Hähnchenstreifen, Quinoa, Tomaten und Avocado in eine Vorratsdose füllen, mit dem restlichen Limettensaft beträufeln und mit Salz und Pfeffer abschmecken.

Die Hähnchen-Quinoa-Bowl innerhalb von 2 Tagen verzehren.

Snacks to go

Für jeden Geschmack, für jede Gelegenheit: Meine gesunder Proviant ist schnell gemacht, lässt sich super vorbereiten, problemlos mitnehmen und ist perfekt für den kleinen Hunger zwischendurch. Ich selbst brauche täglich zwei proteinhaltige Snacks, damit mein Körper mit allem versorgt ist. Lust auf Chia-Lassi, geröstete Kichererbsen oder Granola-Bars? Dann lass uns gemeinsam handliche Leckereien zaubern, die ohne Besteck und Teller zu essen sind und schnell Energie liefern.

VEGETA-RISCH

ZUM EIN-FRIEREN

Bananenbrot mit Beeren

Für 5 Portionen

Zubereitungszeit: *10 Minuten*

Backzeit: *40–50 Minuten*

Pro Portion: *246 kcal · 12 g EW · 5 g Fett · 37 g KH*

180 g Haferflocken
125 g gemischte Beeren
3 Bananen
2 Eier
1 TL Backpulver
1 TL gemahlene Bourbonvanille
200 g Magerquark

Außerdem
1 Kastenbackform

So geht's

1. Den Backofen auf 200 °C Ober-/Unterhitze (180 °C Umluft) vorheizen. Haferflocken in den Mixer geben und auf hoher Stufe zu Hafermehl verarbeiten. Beeren abbrausen, verlesen und gegebenenfalls klein schneiden.
2. Bananen schälen und 2 Bananen mit einer Gabel zerdrücken. Die restliche Banane längs halbieren und zur Seite legen. Eier in einer Schüssel verquirlen und mit den zerdrückten Bananen verrühren. Hafermehl, Backpulver, Vanille und Quark unterrühren. Zum Schluss die Beeren unterheben.
3. Den Teig in eine mit Backpapier ausgelegte Backform oder alternativ in eine Silikonform gießen, mit den Bananenhälften belegen und 40 bis 50 Minuten im heißen Ofen backen. Den Kuchen in der Form auskühlen lassen und erst dann in Scheiben schneiden – zwei Scheiben sind ein Snack.

Dein Bananenbrot lässt sich auch prima portionsweise einfrieren.

Mein Tipp

Bereite dir gesunde Snacks einmal pro Woche vor, verpacke sie in Dosen und halte sie kühl bzw. friere sie ein, wenn du sie für später aufbewahren willst.

VEGETA-RISCH

GLUTEN-FREI

Chia-Joghurt-Lassi

Für 2 Portionen

Zubereitungszeit: *5 Minuten*

Pro Portion: *109 kcal · 8 g EW · 5 g Fett · 8 g KH*

200 g Naturjoghurt (1,5 % Fett)
200 ml Mineralwasser
2 EL Chiasamen
Saft von ¼ Zitrone
¼ TL gemahlener Kreuzkümmel
2 Msp. Zimtpulver
1 Prise Salz

Außerdem
6 Minzeblätter

So geht's

Joghurt, Mineralwasser, Chiasamen, Zitronensaft und Gewürze in einen Shaker geben und kräftig schütteln. Minzeblätter abbrausen und trocken schütteln. Den Drink damit garnieren und fertig ist dein herzhafter Joghurt-Lassi.

Wer mag, kann noch Gurke oder pürierte Früchte wie Mango, Beeren oder Orange in den Shake geben. Vegan wird es mit Sojajoghurt.

VEGETA-RISCH

ZUM EIN-FRIEREN

Granola-Bars mit Erdbeer-Chia-Marmelade

Für 18 Riegel

Zubereitungszeit: *40 Minuten*

Backzeit: *10–15 Minuten*

Pro Riegel (45 g): 155 kcal · 7 g EW · 6 g Fett · 16 g KH

Für die Riegel

40 g getrocknete, entsteinte Datteln
300 g kernige Haferflocken
150 g ungezuckertes Apfelmus
50 g gehackte Mandeln
50 g gemahlene Mandeln
50 g neutrales Eiweißpulver (z. B. Shape Republic Backprotein)
100 g Magerquark
1 Banane
100 g gemischte Kerne (z. B. Cashew- und Sonnenblumenkerne)
1 Prise Salz

Für die Erdbeer-Chia-Marmelade

100 g TK-Erdbeeren
½ TL gemahlene Bourbonvanille
1 EL Chiasamen
Stevia (Streusüße), alternativ Süßungsmittel nach Wahl

Außerdem

1 eckige Backform (20 x 15 cm)

So geht's

1. Datteln 30 Minuten in warmem Wasser einweichen.
2. Für die Marmelade Erdbeeren in einem Topf erhitzen. Vanille hinzufügen und einmal aufkochen lassen. Topf vom Herd nehmen und die Früchte mit dem Stabmixer pürieren. Anschließend die Chiasamen einrühren, mit Stevia oder einem Süßungsmittel deiner Wahl abschmecken und 10 Minuten quellen lassen.
3. Den Backofen auf 190 °C Ober-/Unterhitze (170 °C Umluft) vorheizen und eine Backform mit Backpapier auslegen.
4. Haferflocken in einen Mixer geben und zu grobem Hafermehl verarbeiten. Datteln und die restlichen Zutaten in einen Hochleistungsmixer oder eine Küchenmaschine geben und alles zu einer homogenen Masse pürieren. Die Hälfte des Teigs in der Backform verteilen und glatt streichen. Die Erdbeer-Chia-Marmelade darauf verteilen, dabei einen kleinen Rand ringsherum aussparen. Den restlichen Teig gleichmäßig obenauf verteilen und 10 bis 15 Minuten im Ofen backen.
5. Herausnehmen, abkühlen lassen und anschließend in Riegel schneiden.

Deine Granola-Bars halten sich luftdicht verpackt 3 bis 5 Tage im Kühlschrank. Alternativ kannst du die Haferriegel auch einfrieren.

VEGETA-
RISCH

Johannisbeermuffins im Glas

Für 3 Portionen (3 Weckgläser à 290 ml)

Zubereitungszeit: *10 Minuten*

Backzeit: *25–30 Minuten*

Pro Portion: *281 kcal · 11 g EW · 12 g Fett · 34 g KH*

100 g Johannisbeeren, alternativ TK
100 g Dinkelmehl
25 g neutrales Eiweißpulver (z. B. Shape Republic Backprotein)
50 g Birkenzucker (Xylit)
½ Pck. Backpulver
1 Prise Salz
1 Vanilleschote
50 ml Pflanzendrink
75 ml Wasser
35 ml Rapsöl

Außerdem

½ TL Kokosöl für die Gläser

So geht's

1 Die Weckgläser vor der Verwendung gründlich reinigen und auskochen und den Backofen auf 180 °C Ober-/Unterhitze vorheizen. Gläser mit Kokosöl auspinseln. Johannisbeeren abbrausen, verlesen und in einem Sieb abtropfen lassen.

2 Dinkelmehl, Eiweißpulver, Birkenzucker, Backpulver und Salz in einer Schüssel vermischen. Die Vanilleschote längs aufschneiden und das Mark herauskratzen. Vanillemark und die flüssigen Zutaten hinzufügen und alles zu einem glatten Teig verrühren.

3 Die Gläser etwa bis zur Hälfte mit dem Teig befüllen. Die Johannisbeeren obenauf geben und ein wenig in den Teig drücken. Muffins 25 bis 30 Minuten im heißen Ofen backen.

4 Gläser nach dem Backen auf ca. 90 °C abkühlen und einige Minuten auf den Kopf stellen, um die Muffins zu stürzen. Auskühlen lassen, dann kühl stellen. Du kannst den Muffin natürlich auch direkt aus dem Glas essen.

Verwende am besten hitzebeständige Gläser mit einem Schraubverschluss oder Glasdeckel. Die Gläser sollten nach oben hin nicht schmaler werden, falls du den Kuchen stürzen möchtest. Die Muffins sind 1 bis 2 Wochen haltbar, wenn sie kühl und trocken gelagert werden.

VEGETA-RISCH

»No Bake« Protein-Balls

Für ca. 25 Stück

Zubereitungszeit: *25 Minuten*

Pro Portion (2 Stück): 92 kcal · 4 g EW · 4 g Fett · 10 g KH

120 g zarte Haferflocken
100 g TK-Beeren
1 EL Nussmus
40 g Kokosmehl, alternativ Mandelmehl
20 g neutrales Eiweißpulver (z. B. Shape Republic Backprotein)
1 Banane
50 g gehackte Nüsse oder Kerne deiner Wahl (z. B. Mandeln oder Cashewkerne)

Außerdem

Kokosraspel, gehackte Nüsse oder Kerne nach Belieben

So geht's

1. Haferflocken in einen Hochleistungsmixer geben und zu grobem Hafermehl mixen. Aufgetaute Beeren, Nussmus sowie die restlichen Zutaten in den Mixer geben und alles auf hoher Stufe zu einer homogenen Masse pürieren.
2. Mit einem Löffel kleine Portionen von der Masse abnehmen und mit den Händen zu Kugeln formen. Protein-Balls nach Belieben in Kokosraspeln, gehackten Nüssen oder Kernen wälzen und bis zum Verzehr im Kühlschrank aufbewahren.

Die rohen Proteinbällchen halten sich, luftdicht verpackt, bis zu 5 Tage im Kühlschrank. Alternativ kannst du sie auch bei 160 °C Ober-/Unterhitze 10 Minuten im Ofen backen, dann halten sie sich gut gekühlt ca. 1 Woche.

VEGETARISCH

GLUTENFREI

LAKTOSEFREI

Expressomelett aus der Mikrowelle

Für 1 Portion

Zubereitungszeit: *5 Minuten*

Backzeit: *60 bis 90 Sekunden*

Pro Portion: *164 kcal · 14 g EW · 10 g Fett · 3 g KH*

2 Eier

Salz, Pfeffer

1 Tomate

1 kl. Frühlingszwiebel

¼ Beet Kresse oder Kräuter deiner Wahl

Außerdem

Öl zum Auspinseln der Tasse

Dein Omelett solltest du innerhalb von 2 Tagen verzehren und gut gekühlt aufbewahren.

So geht's

1 Ein hitzebeständiges Weckglas oder alternativ eine Keramiktasse mit Öl auspinseln. Eier direkt in das Glas schlagen und mit einer Gabel verquirlen. Mit Salz und Pfeffer würzen. Tomate waschen, vom Strunk befreien und in Würfel schneiden. Frühlingszwiebel putzen und in feine Ringe schneiden. Beides zu den Eiern in die Tasse geben und mit der Gabel vermengen.

2 Das Weckglas bei 800 Watt 60 bis 90 Sekunden in der Mikrowelle backen. Toppe dein Omelett noch mit Kresse oder frischen Kräutern, die du zuvor abgebraust hast, und lasse es abkühlen.

Falafel-Gemüse-Box

Für 4 Portionen

Zubereitungszeit: *15 Minuten*

Backzeit: *25–30 Minuten*

Pro Portion (3 Falafel): 255 kcal · 14 g EW · 6 g Fett · 33 g KH

Für die Falafel

1 ½ Dosen Kichererbsen (Abtropfgewicht 265 g)
½ rote Zwiebel
2 Knoblauchzehen
1 Bund Koriander
½ Bund Petersilie
Saft und Abrieb von 1 Zitrone
100 g Kichererbsenmehl, alternativ Mandelmehl
1 Msp. Chilipulver
1 EL gemahlener Kreuzkümmel
1 TL Salz

Für die Gemüsemischung

250 g Tomaten
1 Salatgurke
60 g Oliven

Außerdem

Olivenöl zum Bestreichen

So geht's

1. Kichererbsen mit kaltem Wasser abspülen und in einem Sieb abtropfen lassen. Den Backofen auf 190 °C Ober-/Unterhitze vorheizen und ein Backblech mit Backpapier auslegen.
2. Zwiebel und Knoblauchzehen schälen und in feine Würfel schneiden. Kräuter waschen und klein schneiden. Alles mit den Kichererbsen, Zitronensaft und -abrieb, Mehl und Gewürzen in die Küchenmaschine oder den Mixer geben und zu einer homogenen Masse pürieren. Aus der Falafelmasse kleine Kugeln formen.
3. Die Kugeln auf dem Blech verteilen und mit einem Löffel platt drücken. Die Falafeltaler mit etwas Öl bestreichen und 25 bis 30 Minuten im Ofen goldbraun backen. Zwischendurch einmal wenden.
4. In der Zwischenzeit Tomaten und Gurke waschen, putzen und klein schneiden. Mit den Oliven auf die Meal-Prep-Behälter verteilen. Falafel aus dem Ofen holen, abkühlen lassen und ebenfalls in die Behälter geben.

Die Falafel-Boxen halten sich bis zu 5 Tage im Kühlschrank.

VEGAN

GLUTEN-FREI

LAKTOSE-FREI

VEGAN

GLUTENFREI

LAKTOSEFREI

Fruchtiger Kernemix

Für 4 Portionen

Zubereitungszeit: *10 Minuten*

Pro Portion: *239 kcal • 9 g EW • 17 g Fett • 11 g KH*

60 g Kürbiskerne
2 EL Kakaopulver, schwach entölt
1 EL Kokosöl oder neutrales Öl
½ TL Zimtpulver
40 g getrocknete Cranberrys
60 g Cashewkerne

So geht's

1. Kürbiskerne in einer beschichteten Pfanne rösten, bis sie duften. Die Pfanne vom Herd nehmen und Kokosöl, Kakao und Zimt hinzufügen und alles gut miteinander verrühren.
2. Kürbiskerne auf einem mit Backpapier ausgelegten Blech verteilen und abkühlen lassen. Mit den Cranberrys und Cashewkernen in Vorratsdosen schichten und im Kühlschrank aufbewahren.

Gut verschlossen und im Kühlschrank aufbewahrt hält sich dein fruchtiger Kernemix ca. 1 Woche.

VEGAN

GLUTENFREI

LAKTOSEFREI

Berrylicious-Box

Für 4 Portionen

Zubereitungszeit: *5 Minuten*

Pro Portion: *227 kcal · 7 g EW · 15 g Fett · 13 g KH*

200 g gemischte Beeren
8 getrocknete Aprikosenhälften (ca. 40 g)
120 g Nuss-Kerne-Mix (z. B. Mandeln und Cashewkerne)

So geht's

Beeren, Trockenobst und Nüsse in die Vorratsdosen füllen. Die Beeren erst kurz vor dem Verzehr abbrausen und verlesen, dann halten sie sich länger.

Luftdicht verpackt und kühl aufbewahrt, halten sich die Boxen 3 bis 4 Tage. Für eine längere Haltbarkeit bewahre die frischen Beeren ungewaschen in einer Schale im Gemüsefach des Kühlschranks auf und fülle sie für den jeweiligen Tag frisch in die Vorratsdose.

Fitnessdessert »Berry-Crunch«

Für 2 Portionen

Zubereitungszeit: *5 Minuten*

Pro Portion: *290 kcal · 29 g EW · 4 g Fett · 32 g KH*

60 g Whey Isolat Eiweißpulver, Schoko- oder Vanillegeschmack
400 ml Mandeldrink, alternativ Milch
8 Dinkel- oder Maiswaffeln
50 g gemischte Beeren

So geht's

Eiweißpulver und Mandeldrink in den Shaker geben und kräftig schütteln, bis ein cremiger Shake entsteht. Die Dinkelwaffeln mit den Händen zerbröseln und auf zwei große Gläser verteilen, den Eiweißshake darübergießen. Beeren abbrausen und verlesen und den Drink damit toppen. Alternativ kannst du den Snack auch direkt aus dem Shaker löffeln, dann bitte die Portionen getrennt shaken oder in einer Bowl anrichten.

Vegan wird dein Fitnessdessert mit veganem Eiweißpulver statt Whey Isolat.

VEGAN

GLUTEN-FREI

LAKTOSE-FREI

Knabberkichererbsen mit Paprika und Salz

Für 4 Portionen

Zubereitungszeit: *5 Minuten*

Backzeit: *30–40 Minuten*

Pro Portion: *100 kcal • 4 g EW • 5 g Fett • 9 g KH*

200 g Kichererbsen (Dose)
1 ½ EL Olivenöl
¼ TL Paprikapulver, edelsüß
¼ TL Paprikapulver, scharf
¼ TL grobes Meersalz
Pfeffer

So geht's

1 Den Backofen auf 175 °C Ober-/Unterhitze vorheizen und ein Backblech mit Backpapier auslegen. Kichererbsen mit Wasser abspülen und in einem Sieb abtropfen lassen.

2 Öl und Gewürze in einer Schüssel vermengen. Kichererbsen hinzufügen und sorgfältig mit der Öl-Gewürz-Mischung vermengen, auf dem Backblech verteilen und 30 bis 40 Minuten im Ofen rösten. Zwischendurch ab und zu wenden, damit die Kichererbsen nicht zu dunkel werden.

Die gerösteten Kichererbsen in Vorratsdosen portionieren und kühl aufbewahren. So bleibt dein leckerer Snack bis zu 5 Tage frisch. Schmeckt auch super mit anderen Gewürzen, zum Beispiel Rosmarin und Salz. Mein Tipp ist eine Kombi aus Honig und Zimt: Dafür Kichererbsen im Ofen rösten und nach 30 Minuten mit Kokosöl, Honig und Zimt vermengen und weitere 5 bis 10 Minuten rösten.

GLUTEN-FREI

Snackwaffel deluxe

Für 2 Portionen

Zubereitungszeit: *5 Minuten*

Pro Portion (3 belegte Waffeln): 187 kcal · 16 g EW · 2 g Fett · 25 g KH

6 Mais- oder Dinkelwaffeln
120 g fettreduzierter Kräuterquark aus dem Kühlregal (10 % Fett i. Tr.)
6 Scheiben Lachsschinken (ca. 60 g)
½ Romanasalat oder Blattsalat deiner Wahl
½ gelbe Paprikaschote
3 Kirschtomaten
bunter Pfeffer aus der Mühle

Außerdem
frische Kräuter oder Kresse nach Belieben

So geht's

Die Waffeln mit je 1 EL Kräuterquark bestreichen und mit Lachsschinken belegen. Salatblätter abzupfen, abbrausen, trocken schütteln und auf den Waffeln verteilen. Gemüse waschen, putzen klein schneiden und die Waffeln damit belegen. Mit Pfeffer würzen und in Vorratsdosen verstauen. Fertig ist dein Snack to go.

Du solltest die belegten Waffeln innerhalb eines Tages essen, sonst werden sie weich. Sei kreativ beim Belag deiner Maiswaffeln. Prima machen sich auch Tomaten und Mozzarella, Avocado, Hummus und Gemüse. Wer einen süßen Snack möchte, belegt die Waffeln mit Magerquark, ungesüßtem Erdnussmus und Obst.

Bananen-Beeren-Skyr

Für 2 Portionen

Zubereitungszeit: *5 Minuten*

Pro Portion: *193 kcal · 22 g EW · 1 g Fett · 22 g KH*

1 Banane
125 g Blaubeeren
Saft und Abrieb von ¼ Bio-Zitrone
450 g Skyr, alternativ Magerquark

Außerdem
Kokosraspel oder Topping nach Wahl

Den Beeren-Bananen-Snack im Kühlschrank aufbewahren und innerhalb von 2 bis 3 Tagen aufbrauchen.

So geht's

1. Banane in Scheiben schneiden und auf zwei Schraubgläser aufteilen. Blaubeeren abbrausen, verlesen und in einem Sieb abtropfen lassen. Zitronensaft und -abrieb mit Skyr verrühren.
2. Skyr in die Gläser füllen und mit den Blaubeeren toppen. Nach Belieben noch mit Kokosraspeln oder Topping deiner Wahl verfeinern.

VEGETARISCH

GLUTENFREI

Sachregister

A

Amarant 22, 24, 95
Äpfel 27, 29, 47 f., 54 f., 72, 81

B

Backzutaten 24

C

Cocktailtomaten 28, 38
Couscous 24

D

Dressings 35
Drillinge 24, 124, 137

E

Eier 18 ff., 21, 24, 28 f., 40, 44, 46 ff., 49 f., 52, 54, 75, 78 f., 85, 102 f., 105, 115, 118, 151, 159
Energiebooster 21

F

Fette 10, 23 f., 45, 48, 51, 54
Fettkiller 20
Fisch 11, 18 ff., 23, 25, 28 f., 34, 39 f., 47, 54, 79, 116, 118
Fisch, geräucherter 54, 79
Fit-Food 24
Fleisch 11, 15, 18 ff., 21, 25, 29, 31, 34, 40, 44, 47, 49, 54, 56 f., 98, 121, 123, 127, 129 f., 132, 137 f., 142, 144, 147
Food-Prep-Tipps 11
Frischetipps 37

G

Garzeiten für Gemüse 33
Geldsparhacks 29
Gemüse 11, 13, 15 ff., 18, 25 ff., 29, 32 ff., 35, 38 ff., 44 ff., 47, 49 ff., 52, 54, 56 f., 80, 86, 93, 95, 97, 101 ff., 105, 115 ff., 118, 129, 132, 142 f., 145 f., 167
Gemüsebrühe 34, 54, 56, 101, 110, 143, 146
Gemüsereste 28, 54
Grundausstattung 14 f.

H

Hülsenfrüchte 11, 22, 25, 29, 44, 47, 50, 54

J

Junkfood-Falle 10

K

Kartoffeln 11, 16 f., 19, 22, 24, 29, 32 f., 39, 50 ff., 54, 56 f., 89, 103, 122, 124, 129, 137
Käse 40, 44, 47, 50, 54
Küchengeräte 18
Küchenhelfer 15
Küchenutensilien 15, 45, 48, 51, 55

L

Lebensmittelliste 25
Linsen, rote 24
Lunchbox 10 f., 19, 22, 34, 37, 39, 83

M

Magerquark 21, 28 f., 44, 47, 54, 64, 68 f., 72, 89, 105, 151, 155, 167 f.,
Meal Planning 43
Meal Prepping für Eilige 47

Meal Prepping für Einsteiger 44
Meal Prepping für Profis 53
Meal Prepping für Vegetarier 50
Meal-Prep-Behälter 45, 48 f., 51, 55, 57, 76, 119, 121, 138, 160
Meal-Prep-Kalender 26
Meal-Prep-Planung 14
Meal-Prep-Vorrat 25
Meal-Prep-Zubehör 38
Milchprodukte 19, 21, 29, 39, 44, 47, 50, 54

N

Notfalltipps 28
Nudeln 19, 21, 39, 47, 49, 98, 101

O

Obst 13, 15, 25 ff., 28 f., 32, 35, 38 f., 44, 47 f., 50, 54, 67, 71, 76, 80, 167
Obstreste 28
Öle 23, 31, 45, 48, 51, 54

P

Prep-Profi 12
Proteinpulver 24
Putenbrustaufschnitt 28

Q

Quinoa 22, 24, 53 ff., 103, 119, 144 ff., 147

R

Reis 17, 19, 21, 24, 29, 32, 44, 47, 50, 54 f., 57, 103, 113, 115 f., 138
Reiswaffeln 28, 108
Resteessen 28

S

Schlank-Food 11
Smoothie-Bags 35, 80 f.
Smoothie-Würfel 35
Soßen 18, 23, 34 f., 39
Spargel, grüner 24, 27, 33, 50, 102, 129, 137
Studentenfutter 28
Superfoods 22
Süßkartoffeln 22, 29, 11, 118, 129, 140 ff., 143
Süßungsmittel 23, 25, 28, 155

T

To-go-Behälter 37 f.
Top-Eiweiße 20
Toppings 23, 35, 38

V

Veggie-Varianten 21

Z

Zeitspartipps 31

Rezeptregister

A

Allround-Fitness-Vinaigrette 107
Asia-Nudelsalat-Box mit Tofu 50, 93
Asiasuppe aus dem Glas 47, 98

B

Baked Oatmeal mit Nektarine und Beeren 53, 67
Bananen-Beeren-Skyr 168
Bananenbrot mit Beeren 47, 151
Berrylicious-Box 44, 163
Bircher Müsli mit Beeren und Mandeln 64
Brokkoli-Erbsen-Suppe 50, 53, 122
Bunt gemischter Bohnensalat 86

C

Cashew-Asia-Pfanne mit Rind 132
Chia-Joghurt-Lassi 153
Chicken-Burger mit Mango-Guacamole 130
Chicken-Cashew-Reis mit Rucolasalat 138

E

Expressomelett aus der Mikrowelle 159
Expresspizza aus der Tasse 123
Expresstomatensoße 109

F

Falafel-Gemüse-Box 160
Fitnessdessert »Berry-Crunch« 53, 164
Fitness-Kartoffelsalat mit Lachs und Gurke 89
Fruchtiger Kernemix 53, 162
Frühling im Glas mit Spinat und Grapefruit 97
Frühstückspudding Cheesecake Style 44, 68
Frühstückswraps 78

G

Garnelen-Burrito-Bowl mit Joghurtdip 115
Gebratener Zander auf Belugalinsensalat 117
Gelbe Smoothie-Mischung 81
Gemüsebowl mit Süßkartoffeln und Tahindressing 141
Gemüsesoße »Geheimwaffe« 110
Granola-Bars mit Erdbeer-Chia-Marmelade 155
Griechischer Quinoasalat 145
Grüne Power-Bag 81

H

Hähnchen-Quinoa-Bowl 147
Hirse mit Beerenjoghurt und Cashews 77
Hirse-Porridge mit Apfel-Zimt-Birnen und Haselnusscrunch 47, 76
Hirse-Tomaten-Omelett 47, 75
Hüttenkäse-Thunfisch-Dip 108

I

Italo-Schnitzel mit Zoodles 127

J

Johannisbeermuffins im Glas 157

K

Kartoffel-Gemüse-Pfanne mit marinierter Pute 137
Kichererbsen-Karotten-Pfanne mit Hack 44, 133

Knabberkichererbsen mit Paprika und Salz 165
Kokos-Chia-Pudding mit Mangomus 50, 63
Kürbis-Hack-Auflauf mit Feta 134

L

Leichte Mittelmeerquiche 44, 105

M

Mediterrane Pizza mit Amarantboden 95

N

»No Bake« Protein-Balls 50, 158

O

Ofengemüse mit Hähnchen und Zitronen-Joghurt-Dip 53, 129
Ofenlachs mit Tomaten und Brokkoli-Cashew-Mash 47, 53, 118
Orientalischer Schüttelsalat 44, 53, 84
Overnight Oats mit Erdbeer-Rhabarber-Konfitüre 71

P

Pfannenratatouille mit gedämpftem Fisch 116
Pikante Steak-Gemüse-Pfanne mit Gartensalat 121
Putenbrust-Caprese mit Zoodles 90
Puten-Tomatenragout mit Zucchinispalten und Kartoffeln 124

R

Rindfleisch-Bohnen-Pfanne mit Süßkartoffeln 142
Rote Smoothie-Bag 81

S

Schlankes Joghurt-Zitronen-Dressing 106
Schneller Gemüse-Bratreis 53, 103
Schnelles Süßkartoffelcurry 143
Schoko-Protein-Smoothie 69
Skyr mit Apfelkompott und Mandel-granola 53, 72
Snackwaffel deluxe 167
Sophias Guacamole 111
Sushi-Sandwiches mit Thunfisch und Guacamole 113

T

Thunfisch-Gartensalat mit Honig-Senf-Dressing 85

V

Veggie-Curry mit Quinoa und Cashews 53, 146
Vitalo-Minestrone to go 101

W

Wasabi-Lachs mit Quinoa und Spinatsalat 119
Wochenmarkt-Frittata 50, 102

Bildnachweis

7NXT Health GmbH: 6 (li. u.)

Beech Studios – a brand of the tree group GmbH & Co. KG: 6 (re. o.)

Dan Carabas: 4 (li. o., re. u.), 8, 11, 12, 15, 16, 17, 18, 26 u., 30, 31, 35, 36, 38, 40, 42, 58, 80, 119, 120, 139, 169

Maria Dolecek: 37, 41

Fotolia: annabell2012: 76

Sabrina Sue Daniels: 4 (re. o., li. Mitte, re. Mitte, li. u.), 60, 66, 69, 70, 73, 75, 78, 79, 82, 84, 85, 87, 88, 91, 92, 94, 99, 102, 103, 104, 108, 112, 114, 117, 118, 123, 125, 126, 128, 131, 132, 133, 135, 136, 141, 142, 143, 145, 148, 150, 152, 154, 159, 161

Shutterstock: Africa Studio: 77, 110, 166; Amawasri Pakdara: 22; Anna Shepulova: 62; AS Food Studio: 144; baibaz: 163; Charles Curtis: 140; contrse: 158; Ekaterina Kondratova: 74, 122; Elena Veselova: 106, 146; Federherz: 162; Foxys Forest Manufacture: 26; ILEISH ANNA: 96; IriGri: 24; Irina Meliukh: 65; koss13: 165; Liliya Kandrashevich: 100; losinstantes: 68; mzuzka: 109; nadianb: 147; Nina Firsova: 13 (modifiziert); rawf8: 20; SEAGULL_L: 156; yesyesterday: 23; zi3000: 116; Zoeytoja: 107

Sophia Thiel privat: 6 (li. o., re. u.)

Stefanie Bisanz: 164

Auch als **E-Book** erhältlich

160 Seiten
19,99 € (D) | 20,60 € (A)
ISBN 978-3-7423-0380-6

Sophia Thiel

Fitness Sweets

Mit 60 kalorienarmen und eiweißreichen süßen Rezepten

Sophia Thiel hat Zigtausenden jungen Frauen geholfen, abzunehmen und ihre Traumfigur zu erreichen. Und Sophia isst gern Süßes. Denn Ungesundes vom Speiseplan zu streichen, heißt noch lange nicht, auf jeglichen Genuss verzichten zu müssen. Mit den richtigen Zutaten lassen sich viele süße Gerichte und Snacks zubereiten, die nicht nur lecker, sondern auch zucker- und kalorienarm sind. In ihrem neuen Buch zeigt Sophia, wie sie sich ihren Start in den Tag mit einem schmackhaften Frühstück »versüßt«, mit welchen Leckereien sie den kleinen Hunger zwischendurch besiegt und was sie zum Kaffee serviert. Dabei verzichtet sie vollständig auf raffinierten Zucker, Weizen und Butter. Dieses farbig bebilderte Kochbuch enthält 60 Rezepte – von Waffeln und Pancakes über Kuchen und Torten bis Cupcakes, Energy Balls, Pudding und Nicecream – für alle, die auf Süßes nicht verzichten wollen.

riva

Auch als **E-Book** erhältlich

192 Seiten
19,99 € (D) | 20,60 € (A)
ISBN 978-3-7423-0117-8

Sophia Thiel

Einfach schlank und fit

Mit 120 Rezepten zur Traumfigur

Sophia Thiel hat es sich zur Aufgabe gemacht, jungen Frauen und Männern zu helfen, die – wie sie früher einmal selbst – mit dem eigenen Körper unzufrieden sind. Ihr Wissen und ihre Erfahrung machen sie zu einer praxiserprobten Expertin für ausgewogene und gesunde Ernährung und effektives Training. Mit ihrem zwölfwöchigen Onlineprogramm haben schon Zehntausende Teilnehmer ihr Leben verändert und erfolgreich abgenommen. In diesem Buch sind 120 einfach zuzubereitende Rezepte versammelt – vom Frühstück über die Hauptmahlzeiten bis zu Snacks und After-Workout-Shakes. Viele Rezepte sind vegetarisch, vegan, laktosefrei, glutenfrei oder kohlenhydratarm. In einem einführenden Kapitel erklärt Thiel ihr Fitnessprogramm und gibt Infos zu einer gesunden Ernährung. Dieses Buch ist perfekt für alle, die abnehmen möchten, ohne dabei zu hungern.

riva